# Der Hauptmann von Köpenick

METHUEN'S TWENTIETH CENTURY TEXTS

Carl Zuckmayer

# Der Hauptmann von Köpenick

EIN DEUTSCHES MÄRCHEN
IN DREI AKTEN

*Edited by*
H. F. GARTEN, D. Phil

METHUEN EDUCATIONAL LTD
LONDON · NEW YORK · SYDNEY · TORONTO · WELLINGTON

First published in 1961 by
Methuen Educational Ltd
11 New Fetter Lane, London EC4P 4EE
Reprinted four times
Reprinted 1980

Published in the USA by
Methuen & Co.
in association with Methuen, Inc.
733 Third Avenue, New York, NY 10017

Text © 1961 by Carl Zuckmayer
Editorial matter © 1961 by H. F. Garten

Printed in Great Britain by
J. W. Arrowsmiths Ltd, Bristol

ISBN 0 423 82530 5

# Publisher's Note

---

This edition is published by permission of S. Fischer Verlag and the author, to whom our thanks are due. All rights reserved. With Dr. Zuckmayer's approval the Berlin dialect, in which much of this play is written, has been modified and brought closer to normal German usage and spelling.

# Contents

---

# Preface

Zuckmayer's *Der Hauptmann von Köpenick* is something rare – a German comedy. This alone should be reason enough for introducing it to English students of German: for the scarcity of comedies in German literature is often sorely felt, both by teachers and pupils. But Zuckmayer's play offers more than mere entertainment. Based as it is on a historical incident, which at the time set the world laughing, it presents a vivid picture of Imperial Germany before the First World War, seen through the eyes of a relentless but never malicious critic. Zuckmayer's satire exposes the dominant features of that Germany, its arrogant militarism and its rigid bureaucracy, but it does so with a warm humanity and with that rare German quality – a sense of humour.

A serious obstacle to the full appreciation of the play by non-German readers is the fact that it is written throughout in Berlin dialect. Teachers of German will have shared my experience that the appraisal of dialect plays, so important in modern German drama, is severely handicapped by linguistic difficulties. I am therefore deeply indebted to Dr. Carl Zuckmayer for having given me permission to modify his text, bringing it closer to normal speech – without impairing the flavour and idiom of the original. The principles which have guided this modification are set forth in greater detail in the introduction. I hope that in this form the play will win as many admirers among non-German readers as it has in the German-speaking countries.

In the Notes, I have commented on any historical or local references, and on unfamiliar idioms. The Vocabulary omits all elementary words.

I wish to express my thanks, first of all, to Dr. Carl Zuckmayer for his generous permission to tamper with his text; to his German publisher, S. Fischer, and particularly to Herr Hans-Geert Falkenberg, for the help they have given me in my work. I am also indebted to Dr. Karl Jacobs, whose postscript to the German school edition I have consulted in the analysis of the play; to Dr. Kurt Mitchells for valuable material he has given me; and to Mr. Robin Sawers for his help in checking the Notes and the Vocabulary; last, but by no means least, to my wife for her assistance and advice.

H. F. G.

*London, December 1960*

# Introduction

‒ ‒ ‒ ‒ ‒ ‒ ‒ ‒ ‒ ‒ ‒ ‒ ‒ ‒ ‒ ‒ ‒ ‒ ‒ ‒

## CARL ZUCKMAYER

### I. HIS LIFE AND WORKS

Carl Zuckmayer was born on 27 December 1896, in Nackenheim on the Rhine, not far from Mainz. His father owned a factory for wine-bottle caps – an occupation most appropriate to that region of rolling vineyards. His homeland has played a vital part in the shaping of Zuckmayer's personality. He is a true son of the Rhineland, with its gay and light-hearted people, whose deep-rooted optimism, love of life, and earthy sense of humour run in his blood. Time and again, in his writings, he has returned to the scenes and people of his childhood. He was brought up in the Roman Catholic faith, which he accepted unquestioningly, and which he considered 'a natural correlate to the realism of day-to-day life'.

When he was four years old the family moved to Mainz, where he spent his schooldays, attending the humanistisches Gymnasium from 1903 to 1914. He was not yet eighteen when war broke out; he immediately enlisted as a volunteer, after passing the *Not-Abitur*, the emergency examination provided for that purpose. Out of the sixteen boys from his form who went into the army, only four returned. He was one of them.

In the trenches of France and Flanders, he wrote his first wild verses and dramatic fragments. On his return home, he attended the University at Heidelberg, without pursuing any definite course of study, and was soon caught up in the political and literary upheaval of the early post-war years. He joined a circle of young revolutionaries who edited a radical review in nearby Darmstadt, *Das Tribunal*, and sang his own verses in literary cabarets, accompanying himself on the guitar. In 1920, his first play, *Kreuzweg*, was produced at the Berlin Staatstheater, but was taken off after three performances. There followed a period of utter destitution: at one time, he was forced to act as a 'tout' for shady nightclubs, or peddle drugs in the Berlin streets; at another, he found himself in Norway, where he worked in a mine near Narvik and joined an expedition to Lapland as a porter. In 1922 he was appointed as producer and actor at the Stadttheater in Kiel, a position which came to an abrupt end when his adaptation of a comedy by Terence led to a public outcry: he was dismissed 'because of complete artistic incapacity'. After a short time in Munich, during which he witnessed at close quarters Hitler's first abortive Putsch, he found a job as a *Dramaturg*, or playreader, at Reinhardt's Deutsches Theater in Berlin, where he worked for a while side by side with Bertolt Brecht, who was his junior by two years. He spent most of his time watching Max Reinhardt at work, thus steadily gaining theatrical experience. Here a second play, *Pankraz erwacht oder Die Hinterwäldler*, was performed in 1925, but failed to survive a single literary matinée.

The year 1925, however, marked a turning-point in Zuckmayer's development. First, he married Alice von Herdan, a young Austrian actress, who was to be his life-companion (an early marriage, concluded when he was a student at Heidelberg, had been dissolved after less than a year). Then, in the autumn of the same year, the first performance of his comedy *Der fröhliche Weinberg* proved an overwhelming success; it earned him the Kleist Prize and placed him at once in the front-rank of German playwrights. It also changed his material circumstances overnight: from the proceeds, Zuckmayer bought an old mill, the *Wiesmühle*, in Henndorf near Salzburg. Here, among the Austrian peasants, he spent from now on the better part of each year.

For the next few years his career led him from success to success: *Schinderhannes* (1927), *Katharina Knie* (1928), and, after a play for children, *Kakadu Kakada* (1929), his greatest triumph, *Der Hauptmann von Köpenick* (1931). He also adapted the American war play, *What Price Glory?* by Maxwell Anderson and Lawrence Stalling under the title *Die Rivalen*, and dramatized Hemingway's novel, *A Farewell to Arms*, under the title *Kat*. Besides his work for the stage, he wrote the script for the film *Der blaue Engel*, with Emil Jannings and Marlene Dietrich in the leading parts.

The rise of Hitler, in 1933, put a sudden stop to his career in Germany. His plays were banned from the stage, and Zuckmayer moved to his Austrian house at Henndorf. His play *Der Schelm von Bergen* was produced at the Vienna Burgtheater in 1934. He also wrote the script for a film, *Rembrandt*, with Charles Laughton in the title-role. In 1938, when Hitler marched into Austria, Zuckmayer was forced to flee the country while his house was seized and looted by the Gestapo. But he still could not bring himself to turn his back on Europe. He first went to Switzerland where his play *Bellman* had its première at the Zürich Stadttheater. After a year at Chardonne on the Lake of Geneva, he applied for immigration to the United States, which was granted in autumn 1939 (in the spring of that year, he and his family had been deprived of German citizenship by the Nazi Government).

Unlike most other German refugees, Zuckmayer did not settle in one of the larger cities but, after some unsuccessful attempts to earn a living in Hollywood and New York, he rented an isolated farm at Barnard, Vermont. Here he lived the hard life of a farmer, in day-to-day struggle with nature – a life much more in keeping with his innermost inclinations. In the little time left him by his farm labour he wrote his play *Des Teufels General*, set in Berlin under Nazi rule. It was with this play in his pocket that he returned to Germany in 1946, commissioned by the American Government to report on the cultural situation in Germany after the collapse of the Third Reich, and to establish new contacts. After its première in Zürich in 1946, *Des Teufels General* was first performed in Frankfurt and Hamburg in the autumn of 1947, and from there made its triumphant way all over Germany. This work re-established Zuckmayer at once as the leading playwright of West Germany (equalled only by Brecht in the East); it started what may be called the second phase of his career as a dramatist.

During the following years, Zuckmayer alternated between Europe and the United States (whose citizen he had become) until he settled in Saas-Fee, in the Swiss canton of Valais. His dramatic works included a historical play, *Barbara Blomberg* (1949), *Der Gesang im Feuerofen* (1950), a new version of *Bellman* under the title *Ulla Winblad* (1954), *Das kalte Licht* (1955), and *Die Uhr schlägt eins* (1961). In 1952, he was awarded the Goethe Prize of the city of Frankfurt. The public speech he delivered on that occasion in the Paulskirche formed the basis of his self-searching essay *Die langen Wege*. In the same year, he was made an honorary citizen of his native Nackenheim, thus making his peace with the villagers who had borne him a long-standing grudge for portraying them in his early comedy *Der fröhliche Weinberg*. A public distinction of a different kind should not go unmentioned: the *Weinkulturpreis*, which he received at Wiesbaden in 1955. He accepted this award with no less gratification than the high decoration bestowed on him by the Federal President, Theodor Heuss, on his sixtieth birthday in 1956.

Zuckmayer's life-story is in many ways typical of the German generation to which he belongs – a fact he has often stressed himself. His autobiography, *Als wär's ein Stück von mir*, sub-titles *Horen der Freundschaft*, tells not only his own story but that of a whole epoch. He is a survivor of that 'lost generation' whose first and crucial experience of life was in the trenches of the First World War. But this experience did not lead him, as it did so many, to bitter protest and reactionary fanaticism; on the contrary, he turned it to positive use. Although his war experience has found little reflection in his writings (save in such prose stories as *Ein Bauer aus dem Taunus* and *Engele von Loewen*) its impact can be felt throughout his work. Like most of his generation, he was carried away by the wave of patriotic fervour which swept every European country in 1914. He saw in the war a welcome release from what seemed a stale and pointless life; he hailed it, like many of his contemporaries, as the manifestation of a revolutionary spirit which would sweep away all class prejudice and bring about a new and better world. These hopes were soon shattered by the grim reality of war and the horrors he was forced to witness. Although he fulfilled his duties as a soldier gallantly, he came to feel a passionate hatred for war, with its senseless suffering and sacrifice. When he returned from the trenches, he stood firmly on the side of the 1918 Revolution and welcomed the new Germany which strove to rise from the ruins.

Zuckmayer's democratic convictions soon brought him into conflict with the reactionary forces which eventually were to destroy the Weimar Republic in the shape of National Socialism. This clash first came to a head in 1925, when his comedy *Der fröhliche Weinberg* was violently attacked, especially in the provinces, by reactionary circles who felt themselves touched to the quick by the satirical portrayal of a *Korpsstudent* – a member of one of the nationalist student fraternities. It recurred six years later when, in *Der Hauptmann von Köpenick*, he exposed the arrogance and narrow-mindedness of German militarism and bureaucracy. As a result, Zuckmayer, who had fought, and lost, the battle for a democratic Germany, found himself banished from the stage and expelled from his native country when the Nazis seized power in 1933. After the five years of grace he was granted in Austria, and an intermediate year in Switzerland, he crossed the Atlantic to start afresh. His autobiographical book *Second Wind* (published in English only) gives a vivid account of the difficulties this 'second birth' presented to him.

Through all the vicissitudes of his life, Zuckmayer has remained at heart what he has been from the outset – a German. Not for a moment, not even in the darkest hours of his exile, did he lose faith in Germany and the Germans. In a speech he made in New York in 1944, commemorating a close friend who had fallen a victim to Nazi tyranny, he said: 'Bei aller Unversöhnlichkeit gegen seine Peiniger und Henker, werden wir Wort und Stimme immer für das deutsche Volk erheben.' However, his love for Germany is anything but uncritical. Throughout his life, he has been deeply aware of the dark sides of the German character. He chastises his countrymen for their 'Neigung zu unbarmherziger, ja selbstzerstörerischer Systematik, in gcfährlicher Verbindung mit Selbstüberheblichkeit'; he speaks of their 'Diskrepanz zwischen Duckmäuserei und Autoritätsgier' and their passion for 'das Extrem'. This fatal dualism of the German character, which he calls 'sein Fluch und seine Gnade', forms the very essence of many of his plays. Three of them – *Schinderhannes*, *Der Hauptmann von Köpenick*, and *Des Teufels General* – are published under the collective title *Die deutschen Dramen*. This title might be equally applied to several others. Already *Der fröhliche Weinberg* hinges on the contrast between the sound commonsense of the genuine country folk and the bombast and conceit of the townspeople. This contrast underlies his most important plays; it recurs, on a higher plane, in *Der Hauptmann von Köpenick* and in the two plays dealing with Nazism, *Des Teufels General* and *Der Gesang im Feuerofen*. Even in the inferno of Hitler's Germany, when the evil forces in the German character seemed to reign unchallenged, the poet voices, through the mouth of one of his characters, his faith in the final triumph of human dignity. This faith is clearly expressed in a speech he made in honour of Gerhart Hauptmann in November 1932, on the eve of Hitler's rise to power: 'Deutsch-sein hieß immer: Künder der Menschenwürde sein'.

However, it would be wrong to regard Zuckmayer primarily as a political writer. His true concern is with the timeless issues of human destiny, of human conscience in its struggle for self-assertion. His major plays centre on an individual who, struggling against the claims and temptations of a soulless order, re-asserts his inner freedom and human dignity. Whether it be German militarism (as in *Der Hauptmann von Köpenick*), or National Socialism (as in *Des Teufels General* and *Der Gesang im Feuerofen*), or Communism (as in *Das kalte Licht*) – the issue is, in the last resort, always the same. 'So glaube ich', Zuckmayer says in his personal and artistic manifesto, *Pro Domo*, 'daß es im weitesten und vollsten Sinn wieder *der Mensch* sein darf, den wir als Gegenstand und Mittelpunkt aller Kunst- und aller Lebensgestaltung ... erkennen – der Mensch als organisches Wesen, als Erd- und Himmelsgeschöpf, als "homo universalis", – und nicht ein besonderer, soziologisch oder ideologisch fixierter Menschentypus.'

Zuckmayer's creative impulse never springs from abstract ideas but from characters of flesh and blood, intuitively conceived. In this he closely resembles Gerhart Hauptmann, whom he greatly admired, and who in his turn called him his 'spiritual heir'. As was the case with Hauptmann, his work has grown from the very soil that reared him, and is in the fullest sense *'volksverbunden'*. As with Hauptmann, his best plays are written in dialect, the natural form of speech of most of his characters. But while Hauptmann, steeped in the Protestant mysticism of his native Silesia, was fundamentally a pessimist, whose interpretation of life was essentially tragic, Zuckmayer, the Rhinelander and Catholic, is inspired by an unquenchable optimism.

With regard to dramatic form, Zuckmayer has never followed the recent trends towards a 'dis-illusionment' of the stage, as developed by some modern French playwrights or by Brecht. His plays are firmly rooted in the tradition of German realistic and naturalistic drama, with a distinct romantic element. Whenever he tried to transcend this sound basis (as, e.g., in the symbolic frame of *Der Gesang im Feuerofen*, where he gave voice to supernatural powers), his touch became less sure. For him, the roots of the theatre lie in 'Schaubude, Bänkelsang, Zirkus, Clown-Komödie, Schmiere'; even in its highest form, it must not lose touch with this elemental origin. His plays are in the tradition of the German *Volksstück*, a genre for which there is really no equivalent in the modern English theatre. (To find a parallel, one would have to turn to Irish drama, such as Synge's *The Playboy of the Western World* or the early plays of Sean O'Casey.) For the *Volksstück* in its true sense can flourish only where there is still an indigenous peasantry, where social life has not yet been fully urbanized. Zuckmayer's most convincing characters are those who live close to nature. There is something of the peasant in his own character and even in his outer appearance. 'He did not look at all like an author or poet. He looked like a peasant.' Thus a close friend, the American writer Dorothy Thompson, gave her impression of their first encounter. Zuckmayer has always lived and worked in close contact with nature. It is the very source of his inspiration. For him, there is no distinction between physical and mental activity, between 'Natur' and 'Geist'. 'Einen Gegensatz zwischen Natur und Geist zu konstruieren, ist ein fruchtloses und vergebliches Unterfangen, denn die eine Kraft wird ja stets von der andren durchweht, durchflutet und verwirklicht,' as he writes in his self-revealing essay *Die langen Wege*, which grew from the speech he made on receiving the Goethe Prize in 1952. In this essay, the name of Goethe scarcely occurs. Instead, it is devoted to a single theme – his own relationship to nature. This relationship has nothing romantic or aesthetic about it. Zuckmayer embraces nature in all its manifestations, accepting both its creative and destructive forces, growth and decay, life and death – 'die tiefere, heftigere, nacktere Schönheit des gesamten Lebensvorgangs, einschließlich seiner Gewalttätigkeit, seines Zerfalls und seines Grauens'. In vivid detail, he describes his experiences and adventures on long walks, his encounters with animals and plants. He is never merely an observer, but always feels himself a living part of the life-process.

For Zuckmayer, the very criterion of a poet's quality is his relationship to nature. He sees the critical state of our age, what he calls 'die permanente Katastrophenhaftigkeit dieser Epoche', reflected in the false and distorted use of nature-images in modern poetry. Here, he observes, the poet's discontent with human society has falsified his clear perception of nature. Zuckmayer, on the other hand, believes in the regenerating powers, the immanent harmony of God's creation. He concludes his essay with a fervent confession of faith in 'life', with all its dangers and its tragedy – 'das bedrohte, umstellte, unendlich tragische und unendlich freudvolle Leben der Geschöpfe, die ein Schöpfer erweckt, erschaffen, beseelt hat.'

This absorption in nature pervades all Zuckmayer's writings. It first found expression in lyric poetry and narrative prose. His early poems, collected in a volume *Der Baum* (1926), are for the greater part nature poems, describing in loving detail life in its lower forms, snakes, toads, tadpoles, and so on. Similarly, his first collection of stories (*Ein Bauer aus dem Taunus und andere Geschichten*, 1927) consists mainly of minute impressions of nature (*Die Geschichte vom Tümpel, Die Geschichte einer Entenjagd*), or it deals with the experiences of simple country-folk. *Ein Bauer aus dem Taunus* tells the story of a German farmer who sets out amidst the chaos of war and revolution, driven by a blind impulse to find a child of his in distant Russia; *Die Geschichte einer Geburt* pictures a peasant girl in childbirth in a stable between the fighting armies. This tone is sustained in most of Zuckmayer's narrative writings, which have always gone side by side with his work for the theatre. *Engele von Loewen*, for instance, one of his most moving stories, centres on the love between a German soldier and a Belgian peasant girl, triumphing over national hatred. Later his range expanded, taking in his experience of Austria (*Der Seelenbräu*) and Switzerland (*Die wandernden Hütten*). In his most recent prose work, *Die Fastnachtsbeichte* (1959), he returns once more to his homeland, telling the story of a mysterious murder in Mainz cathedral. In most of these tales, he deals with passions and conflicts of simple people rooted in their native soil.

## 2. HIS DEVELOPMENT AS A DRAMATIST

In his dramatic work, Zuckmayer, like most of his generation, first fell under the sway of Expressionism, which dominated German writing after the First World War. His first two plays, *Kreuzweg* (1920) and *Pankraz erwacht* (1925), showed strong expressionist features. However, after the first (and last) performance of the latter play, Zuckmayer underwent a decisive change which started him off in a new direction. This is how he described, in his English autobiography *Second Wind*, that vital turning-point: 'I had grasped something fundamental – that you must begin to build a house from the cellar up and not from the roof down, that a growth does not start with blossoms but with roots. In lyrics, in prose writing, I had followed that path instinctively – in drawing the portrait of a tree, describing the life of a moth, telling the story of a pool with all the creatures living and breathing in it. . . . Now I was attempting to do the same thing in the human realm of drama; of their own accord the surroundings and living quality of my homeland came to me, the melody and character which you carry in your life like your own words and breath, and it all turned by itself into a comedy.'

This comedy was *Der fröhliche Weinberg*. It proved a milestone not only in Zuckmayer's own development but in the history of modern German drama. It was hailed as marking the return to earth and to characters of flesh and blood after the high-flown abstractions of Expressionism. In his next two plays, he continued to portray the people and scenes of his homeland, but in a more serious vein. *Schinderhannes* (1927) has as its central character a popular figure of the Rhineland, a kind of Robin Hood at the time of the Napoleonic Wars, who was finally executed at Mainz; *Katharina Knie* (1928) depicts the colourful life of jugglers and acrobats in a travelling circus. In *Der Hauptmann von Köpenick* (1931) Zuckmayer extended his range to include Berlin, whose life and people he had come to know intimately. With this play, he took his stand in the political struggle that marked the final years of the Weimar Republic. It was his last work to be performed in Germany before the Nazis rose to power.

Perhaps it was from a desire to evade the darkening contemporary scene that Zuckmayer now turned to the past. *Der Schelm von Bergen* is based on a medieval Rhenish legend (treated also in a poem by Heine) about the empress who falls in love with the hangman's son. Written partly in verse, it unfolds a broad picture of the pomp and splendour of medieval Germany. *Bellman* (later renamed *Ulla Winblad oder Musik und Leben des Michael Bellman*) centres on the eighteenth-century Swedish minstrel and vagabond, whose songs of love and wine Zuckmayer had translated and sung in his earlier years.

There followed a break of over seven years, enforced by the war and the author's emigration to America. At the height of the war, Zuckmayer started on the play which was to become his most successful next to *Der Hauptmann von Köpenick* – *Des Teufels General* (1946). The scene is Berlin in 1940. The central character is a general of the Luftwaffe who is opposed to the Nazi régime but lacks the courage to act on his convictions. It was an issue that touched the German conscience and gave rise to heated controversies when the play was performed in Germany after the war.

Zuckmayer once again took up the challenge of Nazism in *Der Gesang im Feuerofen* (1950), based on a tragic incident of the partisan war in occupied France: a group of French Resistance fighters, celebrating Christmas in a deserted château, are betrayed to the Germans and burnt to death. Zuckmayer refrains from drawing the two sides in black and white, but shows his human touch in the love developing between a French girl and a German soldier, both of whom die in the fire. This play was preceded by a historical drama, *Barbara Blomberg* (1949), about a girl of humble origin who becomes the mistress of the emperor Charles V and fights for her rights against court intrigue and power politics.

One of Zuckmayer's later plays, *Das kalte Licht* (1955), involves the present-day conflict between West and East, between freedom and totalitarianism. It demonstrates this conflict in the case of a nuclear scientist, a German refugee, who gets entrapped in communist espionage and turns traitor. In the end, his conscience is roused by a member of the British Secret Service, and he is prepared to atone.

When viewed as a whole, Carl Zuckmayer's development as a dramatist can be seen in the image of a tree: it has its roots sunk in his native soil, the Rhineland, where his first three plays (not counting his expressionist attempts) are set. It then branches out to include Berlin and to delve into the past. Spreading further, it takes in France and, finally, encompasses the world in its present global conflict. Whatever the scope, the main issue is always centred in the human individual, in human conscience, and its ultimate triumph over the soulless functionaries of an inhuman order.

# DER HAUPTMANN VON KÖPENICK

### I. THE HISTORICAL EPISODE

On 17 October 1906, the Berlin papers carried the following police report: 'Ein als Hauptmann verkleideter Mensch führte gestern eine von Tegel kommende Abteilung Soldaten nach dem Köpenicker Rathaus, ließ den Bürgermeister verhaften, beraubte die Gemeindekasse, und fuhr in einer Droschke davon.'[1]

This inconspicuous news-item grew, within a few hours, into a world-wide sensation, raising hilarious laughter everywhere. Almost from the start, the deeper significance of the exploit was recognized: it exposed, in a flash, the militaristic spirit and blind obedience of Wilhelmine Germany. Already on the following day, the papers of the German capital carried long leaders, commenting on the event according to their political viewpoint. The liberal and left-wing papers, especially, were quick to grasp the wider implications of the case. The leading socialist paper, *Vorwärts*, gave vent to undisguised glee: 'Die Welt lacht. Über die deutschen Grenzen hinaus, über den englischen Kanal und den atlantischen

[1] Köpenick was at that time a self-contained town on the eastern fringe of the capital; it was incorporated in Greater Berlin in 1920.

Ozean hinweg dringt ein schrilles Hohngelächter. Die Welt lacht auf Kosten des deutschen Junkerstaates . . .' The democratic *Berliner Tageblatt* suggested that the culprit, if he were caught, should go unpunished: 'Man könnte ihm sogar ein Geschenk geben. Er ist auf seine Art ein Erzieher des Volkes gewesen, und das Honorar von 4000 Mark, das er sich selber genommen hat, ist lumpig genug. Nicht unmöglich auch, daß er für einen ehrlicheren Beruf hervorragend geeignet wäre, zum Beispiel als Bühnendichter. Die ganze Anlage zeigt dramatische Begabung.' Other papers, too, saw the dramatic possibilities of the episode, usually in terms of comic opera. The popular comic weekly, *Die lustigen Blätter*, published an illustrated feature, '*Der Räuberhauptmann von Köpenick, oder Der geschundene Bürgermeister*'. Even the rightwing conservative press could not help admitting the funny side of the story, although the *Preußische Kreuzzeitung* censured its left-wing opponents for inflating it into a 'political sensation'. Within a few days, satirical picture postcards were sold on the Berlin street corners, and the street urchins were playing a new game, the 'Köpenicker Räuberspiel'.

Meanwhile, the police had set in motion their whole apparatus to trace the culprit. All over the country suspects were arrested, often on the flimsiest grounds. But it took ten days before the real offender was caught. As it turned out, he was a shoemaker out of work, Wilhelm Voigt, a man of fifty-seven who had spent twenty-seven years of his life in prison for various frauds, and who had never even served in the army. Unable to find regular employment on account of his previous convictions, he had hit upon a bold plan: dressing up in the uniform of a captain of the Imperial German army, he stopped a detachment of eleven soldiers under the command of a corporal in the Berlin suburb of Tegel, ordered them to put themselves under his command 'by order of the Emperor', and took them by train right through Berlin to Köpenick, at the other end of the city. There, after treating 'his men' to a simple lunch and giving them 1 Mark each, he marched them to the town hall, where he ordered them to guard all the entrances while he entered to arrest the mayor. The latter submitted without question, just as did the treasurer who handed over the municipal funds amounting to 4000 Mark. Then the self-appointed captain requisitioned three horse-cabs to take the men to Berlin under arrest and deliver them at the *Neue Wache* (comparable to the Royal Horse Guards in Whitehall). All this time, the crowd gathering outside the town hall was held in check by the soldiers. Finally, the 'Hauptmann' himself, after releasing his men from duty, drove off in a cab.

On his arrest, ten days later, in his Berlin lodgings, Voigt immediately gave himself up. He was sentenced to four years imprisonment but was discharged after twenty months – it is said, by order of Wilhelm II. Already in the same year 1908, he had a chance to see himself enacted on the stage in a play *Der Hauptmann von Köpenick* by Kalnberg. The letter he wrote to the author, asking for a complimentary ticket, is still preserved:

Hamburg den 14ten Sept. 1908

Geehrter Herr Kalnberg! ich habe mit Interesse von der Aufführung Ihres Stückes *Der Hauptmann von Köpenick* gehört und gelesen und habe großes Verlangen und Interesse daran mir einmal die Vorstellung anzusehen. Würden Sie mir die Bitte gewähren und mir für Mittwoch den 16ten September 1908 einen netten Platz reservieren meine Ankunft dort werde ich Ihnen dann drathen. Ergebenst Wilhelm Voigt, gen.d.H.v.K. (= genannt der Hauptmann von Köpenick. Ed.).

However, it needed the hand of a master dramatist and the distance of a quarter of a century, to produce the play that has immortalized the story of the Captain of Köpenick on the German stage.

## 2. THE PLAY

Zuckmayer's comedy *Der Hauptmann von Köpenick* had its première at the Berlin Deutsches Theater on 5 March 1931, with Germany's leading actor, Werner Krauss, in the title-role. It was an instantaneous success. Behind the comic mask, Zuckmayer's serious purpose was immediately recognized: the exposure of German militarism, which at that moment was once again rearing its head in the shape of National Socialism. It was felt to be a last-minute warning – a warning which proved in vain: less than two years later, Hitler seized power, and Zuckmayer was driven into exile.

The play bears the ironical subtitle *Ein deutsches Märchen*. Clearly, Zuckmayer wanted to indicate the wider significance of this particular incident. His play has something of the timeless stuff of fairy-tale: the poor man raised to wealth and power for a single day. In a programme note accompanying the first performance, Zuckmayer retold the story in the style of a simple fairy-tale (see p. 23).

To underline the fairy-tale element, he has put at both the beginning and the end of the play a quotation from a story by the brothers Grimm: 'Nein', sagte der Zwerg, 'laßt uns vom Menschen reden! Etwas Lebendiges ist mir lieber als alle Schätze der Welt!' (*Rumpelstilzchen*), and: 'Kommt mit', sagte der Hahn, 'etwas Besseres als den Tod werden wir überall finden!' (*Die Bremer Stadtmusikanten*). Both quotations point to the essence not only of this particular play but of Zuckmayer's work in general. The first expresses his love of 'man', whom he places 'above all the treasures of the world'. The second – which also occurs at a crucial moment in the play – indicates his invincible optimism and affirmation of life.

Zuckmayer emphasizes that his play does not stick to the historical facts, and that he has treated both subject and characters with complete freedom. What he has done is to use the name of Wilhelm Voigt and the broad outlines of his story to create a dramatic work in its own right. He even refrains from stating the precise date of the incident – 1906. In a closer analysis of the time-sequence, one finds that the celebration of 'Sedan Day' in prison (Act II, scene 1) takes place on the 40th anniversary of the battle – which would take us to 1910. The author has thus deliberately avoided historical accuracy. The First Act is stated to take place 'etwa um die Jahrhundertwende', the Second and Third 'zehn Jahre später'. And the general time of action is given vaguely as 'Vor dem Weltkrieg'.

In its structure, the play still betrays its factual origin: it is loosely constructed, consisting of 21 scenes, seven to each Act. (In the present version, two scenes are omitted.) Nor does it observe the unities of time and place: the scene of action moves freely between Potsdam, Köpenick, and various localities in Berlin, and between Act I and II there is a time-lapse of ten years. Nevertheless, the author has skilfully contrived to concentrate the action in a dramatically valid form. The most important device is his idea to put the uniform – the symbol of German militarism – into the centre of the play, making it as it were the counterpart to the principal character, Wilhelm Voigt. Already in the very first scene, in the tailor's shop in Potsdam, the two meet for the first time. Then both pursue their separate ways until, at the beginning of Act III, they meet again when Voigt buys the uniform from the old-clothes dealer, thus giving birth to the 'captain of Köpenick'. And at the end of the play, Voigt once more dons the uniform, to laugh at his own image in the mirror. To achieve dramatic unity, the number of characters is skilfully reduced: the mayor of Köpenick, Voigt's opposite number in the pivotal scene, appears several times before their decisive encounter: it is he who at one point owns the fatal uniform on its way down to the dealer. The main plot – Voigt's elevation through the magic of the uniform – has its exact reverse in a subplot, centring on Hauptmann von Schlettow. While Voigt, by masquerading as a captain, assumes authority for a brief moment, von Schlettow, through being mistaken for a civilian, forfeits his military career.

Despite this dramatic concentration, the very nature of the story calls for a large array of minor characters who carry the action from episode to episode. There are, first of all, the countless functionaries of the State against which Voigt wages his hopeless battle – police constables, officials, clerks, prison warders; there are the military of all ranks, from the captain down to the common soldiers who follow Voigt's command; there are the prison inmates, the tramps and down-and-outs of the doss-house, the prostitutes and newsvendors of the Berlin streets. Thus we are given a vast panorama of a whole society, a cross-section of Germany before the First World War.

Almost every character and every scene is, in one way or another, connected with the central theme of the play – the conflict between personal freedom and the State. All are, to a greater or lesser degree, imbued with the spirit that dominated the Germany of Wilhelm II. All submit to it unquestioningly – until the humblest of them all, the unemployed cobbler Voigt, defeats the system on its own terms by carrying it to the point of absurdity.

Like all great comedy, the theme of the play contains the makings of tragedy. The subjugation of the individual by the soulless mechanism of the law lends itself to a tragic solution – it has, in fact, often been made the subject of serious drama, especially in Germany. The possibility of tragedy is indeed never quite absent from Zuckmayer's play. At one point – at the end of Act II – Voigt nearly gives up the fight. In his argument with his brother-in-law, Friedrich Hoprecht, he touches on the very essence of his predicament. He imagines that when one day he will stand before God, the Lord will ask him: 'Wilhelm Voigt, was hast du gemacht mit deinem Leben?' But from this depth of despair is born his resolution to take his fate into his own hands. 'Ick will ihm nichts schuldig bleiben, verstehst du? Ick werde noch was machen damit.'

Voigt is the victim of a social order which has found its supreme value in rigid discipline and blind adulation of the uniform as the sole mark of distinction. He is crushed by a callous bureaucracy for which 'papers' have become more important than the human being. He is the perennial underdog – a brother of Büchner's *Woyzeck*, that first dumb martyr of social oppression in German drama. Like Woyzeck, he is something of a dreamer, a philosopher, who senses the inner growth of things: 'Das wächst alles, ein Stein so gut wie ein Apfelkern. Nur geht das nich so rasch, und es merkt auch keiner . . . Und in dem Menschen sein Kopf, da sind Gedanken inne, und Wörter, und dann das Geträumte, das wächst immer mehr, das wächst alles, es weiß nur noch keiner, wo das mal hin soll.' But he also has a quality Woyzeck lacks – a touch of natural shrewdness. It is this shrewdness which prompts him to his bold plan and enables him to carry it through unflinchingly. Thus, instead of submitting passively to his fate, or rising in desperate revolt, he challenges his oppressors on their own ground – and wins. It is a solution after Zuckmayer's own heart. 'Etwas Besseres als den Tod werden wir überall finden!' These words from Grimm's fairy-tale, which Voigt reads to the sick girl, strike the keynote of the play; they give him the first notion of taking his fortune into his own hands.

In this way the play, which contains the elements of tragedy, is turned into hilarious comedy. The culminating point is reached at the end when the self-made captain, seeing himself for the first time in a mirror, bursts into uncontrollable laughter, while his lips form the single word, 'Unmöglich!' This laughter and this word act as a catharsis, redeeming the hero from any moral guilt. Moreover, the author makes it quite clear that his cobbler (unlike the historical Voigt) perpetrates his fraud not for any material profit but merely to obtain a passport.

Compared with the dominant rôle of the central figure, all the other characters are only of secondary importance. They serve merely as foils to throw the main theme into relief; and they are all imbued, to a varying degree, with the spirit of militarism that characterized Germany at the time. There is, in the first place, Hauptmann von Schlettow – the very embodiment of the Prussian officer, whose sole concern is the all-important uniform. For him, the insult he suffers at the hands of a civilian spells utter ruin – the end of his military career. The spirit of blind obedience pervades all ranks, from the patrol that raids the doss-house and leads away the army deserter, to the detachment that follows the false captain unquestioningly. The same militaristic spirit marks the various officials with whom Voigt wages his interminable fight. But not only the members of the army and police – the civilians, too, are impregnated with this spirit. An outstanding example is the prison governor, who teaches the convicts army drill and celebrates 'Sedan Day' by staging a fake battle in the prison chapel. In a similar way, Dr. Obermüller, the mayor of Köpenick who is fated to become the victim of the hoax, is thrilled at his promotion to a 'lieutenant of the reserve', and deeply concerned about his uniform. Even Friedrich Hoprecht, Voigt's brother-in-law, a minor municipal clerk, pins all his hopes on being made a sergeant major, and is bitterly disappointed when these hopes are dashed. In his argument with Voigt (Act II, scene 13) he stands up for the 'Ordnung' as represented by Wilhelmine Germany: 'Bei uns in Deutschland, da is 'n fester Boden drunter, da is kein hohler Raum zwischen, da kann nichts passieren!... Bei uns is alles gesund, von unten auf, und was gesund is, das is auch richtig. Das is auf Fels gebaut!' He looks forward to the day when he can die 'fürs Vaterland, für die Heimat!' and exhorts Voigt to submit to the established order without question: "Reinfügen mußt du dich! . . . Und wenn's dich zerrädert – dann mußt du das Maul halten, dann gehörst du doch noch dazu, dann bist du 'n Opfer! Und das is 'n Opfer wert!'

The only character quite unaffected by this all-pervading spirit of militarism is the sick girl for whom Voigt feels a tender fatherly affection. It is for this reason, perhaps, that he is drawn to her. For at her bedside alone can he find relief from his predicament; here alone can he develop the tender side of his nature, frustrated by his struggle for a place in the world. This is why her death affects him so deeply. It is after her funeral that his resolution takes shape to stake everything on a single desperate throw.

Zuckmayer's comedy, in spite of its satirical purpose, is never aggressive or propagandistic. The characters are not drawn in simple black and white but are human beings, seen with warmth and understanding. In this essential quality, *Der Hauptmann von Köpenick* is closely akin to that other great comedy, written forty years earlier – Hauptmann's *Der Biberpelz*. Just as Hauptmann wins our sympathy for his heroine, the washerwoman Mutter Wolffen, who with her earthy craftiness outwits stolid officialdom, so Zuckmayer does for his cobbler Voigt. But while Hauptmann epitomises German bureaucracy in the single figure of his district-judge von Wehrhahn, Zuckmayer displays it in a whole galaxy of characters. His satire is more pungent than that of the older playwright – due no doubt to the tragic experiences Germany had undergone in the intervening forty years, and to the greater urgency of the problem at the time his play was written.

### 3. ZUCKMAYER'S LANGUAGE AND THE PRESENT VERSION

*Der Hauptmann von Köpenick* is written for the greater part in dialect. In this it follows the tradition of German naturalistic drama, initiated and carried to perfection in the early plays of Gerhart Hauptmann. But the Berlin dialect, as written by Zuckmayer, is by no means uniform. Every character has his own unmistakable manner of speech, according to his educational and social level. There is the almost pure *Hochdeutsch* of the mayor Obermüller and his wife as well as other higher officials; there is the military jargon of von Schlettow; the bureaucratic idiom of clerks and policemen; there are the many shades of Berlin 'cockney', from Voigt himself down to the lowest strata of the Berlin crowd; there is the Jewish jargon of the tailor Wormser and the old-clothes dealer Krakauer. All these idioms, with their subtle inflections and idiosyncrasies, are faithfully reproduced in the dialogue; they form an essential part of the richness and humour of the play. Here is, for instance, a speech of Kallenberg, Voigt's friend, in its authentic form (cf. p. 45):

'Ick hab ne Visite jemacht, bein Schmittchen, weeßte, den Anstaltsgeistlichen von Moabit, den mit de Plüschaugen, den wa imma det Riehr-Ei jenannt ham. Der hat uns ma seine Adresse jejeben, det wa ihm sollten vont neie Leben und von unsre Besserung ne Ansichtskarte schreiben. Ick schelle so jejn achte, det Meechen macht mir uff, ick rasch n Stiebel in de Türspalte: und rinn!! Da sitzense umn Tisch rum und labbern rote Gritze. Nu ha'ck mir an de Wand jelehnt und de Hende vort Jesichte jeschlagen und habe jeweint, det ma de Tränen nur so in de Stoppeln jekullert sind. Det kann ick neemlich jetzt prima mit meine vakiehlten Knalloogen . . .' etc.

This original text, with its disregard of normal spelling and syntax, presents great difficulties to the non-German reader. The present adaptation (which has the sanction of the author) brings the language closer to normal German usage. Any rendering in correct *Hochdeutsch* would be out of the question since the very salt and flavour of the dialogue would be lost. Therefore, a careful balance has been struck. The cadence of the speech, with all its colloquialisms and slang, has been fully retained. So have certain mannerisms and keywords, characteristic of Berlin dialect, such as: *ick* for *ich, nich* for *nicht, nischt* for *nichts, nee* for *nein,* and the constant confusion of dative and accusative (*mir* for *mich,* etc.). Thus, it is hoped, the reading of the text will be greatly facilitated, without losing the particular flavour of Zuckmayer's language.

The present version, partly following the German school edition of the play, omits two scenes, one in the Second Act (between scenes 12 and 13) and one in the Third Act (between scenes 14 and 15). The first shows a regimental dinner in a smart Berlin restaurant, the second the Park of Sanssouci at Potsdam, with passers-by discussing politics and children playing at soldiers. Both have a purely episodic character and do not contribute perceptibly to the course of the action. For the same reason, scene 6 (Herberge 'Zur Heimat') and scene 16 (Vorhalle im Rathaus zu Köpenick) have been slightly cut, omitting some incidental characters. In all these scenes, the humour is mainly linguistic and loses its point when rendered in standard German.

# Bibliography

## I. WORKS BY ZUCKMAYER

(*a*) PLAYS

DIE DEUTSCHEN DRAMEN (*Schinderhannes – Der Hauptmann von Köpenick – Des Teufels General*), Stockholm 1947

KOMÖDIE UND VOLKSSTÜCK (*Der fröhliche Weinberg – Katharina Knie – Der Schelm von Bergen*), Frankfurt a.M. 1950

*Barbara Blomberg*, Amsterdam 1949

*Der Gesang im Feuerofen*, Frankfurt a.M. 1950

*Ulla Wimblad oder Musik und Leben des Michael Bellman*, Frankfurt a.M. 1953

*Das kalte Licht*, Frankfurt a.M. 1955

*Die Uhr schlägt eins*, Frankfurt a.M. 1961

(*b*) NARRATIVE

DIE ERZÄHLUNGEN, Frankfurt a.M. 1952

*Salwàre oder Die Magdalena von Bozen*, Vienna 1936

*Ein Sommer in Österreich*, Vienna 1937

*Herr über Leben und Tod*, Stockholm 1938

*Die Fastnachtsbeichte*, Frankfurt a.M. 1959

(*c*) ESSAYS AND AUTOBIOGRAPHICAL

*Pro Domo*, Stockholm 1938

*Second Wind* (transl. by Elizabeth Reynolds Hapgood), New York 1940 and London 1941

*Die Brüder Grimm*, Frankfurt a.M. 1948

*Die langen Wege. Ein Stück Rechenschaft*, Frankfurt a.M. 1952

*Als wär's ein Stück von mir*, Frankfurt a.M. 1966

(*d*) POETRY

*Der Baum*, Berlin 1926

*Gedichte 1916–1948*, Amsterdam 1948

## II. LITERATURE ON ZUCKMAYER

I. Engelsing-Malek, '*Amor Fati*' *in Zuckmayers Dramen*, Constance, 1960

*Fülle der Zeit. Carl Zuckmayer und sein Werk* (by various authors), Frankfurt a.M. 1956

Paul Riegel, *Carl Zuckmayer, Der Hauptmann von Köpenick*, in: Das europäische Drama von Ibsen bis Zuckmayer, ed. L. Büttner, Frankfurt a.M. 1959

Paul Meinherz, *Carl Zuckmayer, Sein Weg zu einem modernen Schauspiel*, Berne 1960

Rudolf Lange, *Carl Zuckmayer*, Velber b.Hanover 1969

Arnold Bauer, *Carl Zuckmayer*, Berlin 1970

Siegfried Mews, *Zuckmayer, Der Hauptmann von Köpenick*, Frankfurt a.M. 1972

Theo Rosebrock, *Erläuterungen zu Carl Zuckmayers Der Hauptmann von Köpenick*, Hollfeld/Obfr. w.d.

# Ein deutsches Märchen

VON

CARL ZUCKMAYER

'Nein', sagte der Zwerg, – 'laßt uns vom Menschen sprechen. Etwas Lebendiges ist mir lieber als alle Schätze der Welt.' (Brüder Grimm, Rumpelstilzchen).

Wilhelm Voigt, ein Schustergeselle in der großen Stadt Berlin, in die er mit siebzehn Jahren geraten war, bekam von seiner Mutter drei Taler geschickt. Er brauchte aber mehr als drei Taler, denn er war sehr jung, und bei seinem Meister hatte er nur schmale Kost und Schlafstatt. Damals wurden die Postanweisungen nur in Ziffern ausgeschrieben. Eine 3 war mit Tinte aufs Formular gemalt, dann kam ein weißer Zwischenraum, dann das vorgedruckte Wort 'Thaler'.

Da nahm er Feder und Tinte und malte hinter die 3 eine O.

Als ein Schutzmann nach ihm gefragt hatte, während er mit Stiefeln unterwegs war, riß er aus und ging über Land. Bald war sein Geld zu Ende. Da schickte er seinen letzten Taler per Post an sich selbst, Adresse 'Herberge zur Heimat' in der nächstgelegenen Stadt. Dort malte er wieder eine Null und holte zehn Taler ab. Schließlich erwischten sie ihn und machten ihm den Prozeß. Er hatte die Reichspost alles in allem um dreihundert Mark geschädigt. Dafür sperrte man ihn, wegen wiederholten schweren Betrugs, fünfzehn Jahre ins Zuchthaus.

Als er herauskam, war er zweiunddreißig Jahre alt. Seine Mutter war tot, und es gab niemanden, der etwas von ihm wissen wollte. Da ging er ins Ausland, zu Fuß, ohne Paß über die Grenze, erst nach Böhmen, dann weiter, arbeitete fleißig und verdiente stets, was er zum Leben brauchte. Aber die Leute sprachen dort eine fremde Sprache, und nur wenn er allein war, konnte er so reden wie er es von der Mutter gelernt hatte. So trieb's ihn, ob er wollte oder nicht, wieder nach Deutschland zurück. Dort aber erging es ihm schlecht. Man konnte es ihm nicht vergessen, daß er die fünfzehn besten Jahre seines Lebens im Zuchthaus gesessen hatte. Zwar fanden sich Leute, die ihm Arbeit gaben, aber die Behörde, ohne deren Einverständnis nichts erlaubt ist, auch die Arbeit nicht, wollte einem vorbestraften Manne kein Vertrauen schenken.

Immer wieder, wenn er an einem Ort seßhaft werden wollte, versagte man ihm den Aufenthalt und wies ihn aus. Weil er nun ohne ordentliche Anmeldung nirgends Arbeit fand und ohne Arbeitsnachweis nirgends zur Anmeldung zugelassen wurde, mußte er immer weiter wie der ewige Jude und hatte, wie der, keine Hoffnung auf einen Ruhepunkt. Da versuchte er es mit falschem Namen. Das war aber wieder gegens Gesetz, er wurde erwischt und bestraft. Als er dann wieder herauskam, wollte er ins Ausland zurück. Nun aber gaben sie ihm keinen Paß, und es gelang ihm nicht mehr, über die Grenze zu kommen. Er mußte im Land bleiben, wo man ihm jedoch nirgends den Aufenthalt bewilligte. Schließlich versuchte er, was man ihm nicht geben wollte, mit Gewalt zu nehmen. Bei einem Einbruch in ein Polizeibüro, in dem man Pässe, Papiere, Geld aufbewahrte, wurde er erwischt und mußte wieder auf lange Zeit ins Zuchthaus. Als er sechsundfünfzig Jahre alt war, hatte er mehr als dreißig Jahre seines Lebens im Zuchthaus oder im Gefängnis verbracht, den Rest, der, zieht man die Kindheit ab, nicht mehr groß ist, teils im Ausland, teils in ewig aussichtslosem Kampf um eine Erlaubnis zum Leben. Und als er wieder einmal in einem Ort, in dem es ihm fast gelungen wäre, Heimat zu finden, seine Ausweisung bekam, verschwand er ganz und war, da man ihn nirgends haben wollte, nicht mehr da.

Es lebte aber in der Stadt Berlin eine Uniform, gemacht vom besten Schneider zu Potsdam für einen Hauptmann vom Ersten Garderegiment zu Fuss. Die wollte auch keiner mehr haben, denn sie hatte ein gutes Alter auf dem Buckel und hatte bis zum Nähteplatzen ihre Pflicht getan. In einem Trödlerladen, der letzten Zuflucht alles Ausrangierten, trafen die beiden zusammen, und, da jeder allein zu nichts mehr nütze war, heirateten sie. So wurde der Hauptmann von Köpenick geboren.

Warum nun dieser vorbestrafte Schuster Wilhelm Voigt, der Mann ohne Paß und ohne Aufenthalt, nicht ins Wasser ging oder im Säuferheim verfaulte, sondern, mit einer alten Montur vermählt, ein ganz Anderer, Neuer, ward: Wieso man ihn, das Stiefkind aller Amtsstuben, gleich nach dieser Hochzeit als ihren unumschränkten Herrn und Herrscher anschaute:

Weshalb gerade er, der Wilhelm Voigt, etwas gemerkt hatte, was sechzig Millionen guter Deutscher auch wußten, ohne etwas zu merken:

all das versucht das Schauspiel 'Der Hauptmann von Köpenick' im Ablauf weniger Abendstunden zu zeigen.

Es hält und hängt sich nicht an die Einzelheiten tatsächlicher Geschehnisse, es zeichnet nicht die dürftigen Buchstaben der Dokumente nach, denn aus ihnen ist nur der äußere Ablauf, niemals das Wesen und die Quersumme eines Menschenlebens oder der irdischen Geschichte zu erkennen.

Es will auch nicht mit den Leuten rechten, die die Verhältnisse gemacht haben, noch mit den Verhältnissen, aus denen die Leute wurden. Denn es ist ja nichts Neues, was es erzählt, sondern es ist ein deutsches Märchen und, wie alle Märchen, längst vorbei – vielleicht überhaupt nicht wahr? – und nur ein Gleichnis für das, was nicht vorbei ist! An dem Schluß und zu allem neuen Beginnen steht der Spruch aus den 'Bremer Stadtmusikanten' der Brüder Grimm:

'Komm mit! Etwas Besseres als den Tod findest du überall!'

# Der Hauptmann von Köpenick

Ein deutsches Märchen in drei Akten

*'Nein', sagte der Zwerg, 'laßt uns
vom Menschen reden! Etwas Lebendiges
ist mir lieber als alle Schätze der Welt!'*

BRÜDER GRIMM, RUMPELSTILZCHEN

# Hauptgestalten

WILHELM VOIGT

FRIEDRICH HOPRECHT

FRAU MARIE HOPRECHT

BÜRGERMEISTER OBERMÜLLER

FRAU MATHILDE OBERMÜLLER

ADOLF WORMSER, Uniformschneider

ZUSCHNEIDER WABSCHKE

HAUPTMANN VON SCHLETTOW

ZEITGENOSSEN ALLER ART

Ort: Berlin und Umgebung
Zeit: Vor dem Weltkrieg

Der erste Akt spielt etwa um die Jahrhundertwende, der zweite
und dritte zehn Jahre später.

Die tatsächlichen Begebenheiten bilden nur den Anlaß zu diesem
Stück. Stoff und Gestalten sind völlig frei behandelt.

# Szenenfolge

# Erster Akt

---

## ERSTE SZENE

*Personen:* A. WORMSER, SEIN SOHN WILLY, ZUSCHNEIDER WABSCHKE, HAUPTMANN V. SCHLETTOW, WILHELM VOIGT

*Bei geschlossenem Vorhang erschallt, von einer marschierenden Militärkapelle gespielt, der Armeemarsch Nr. 9 – mächtig anschwellend, dann allmählich mit dem Taktschritt der abziehenden Truppe verklingend. Ferne Militärmusik begleitet die ganze Szene. Inzwischen hat sich der Vorhang gehoben. Die Bühne zeigt das Innere von A. Wormsers Uniformladen in Potsdam.\* Im Vordergrund der Ladentisch und der Raum für die Bedienung der Kunden. Im Hintergrund die großen gläsernen Schaufenster, durch die man die Straße und gerade noch die Queue der unter Musik vorbeiziehenden Gardekompanie erblickt. Die Schaufenster sind mit einzelnen Uniformstücken, auch Helmen, Mützen, Säbeln, Lackreitstiefeln dekoriert. Komplette Offiziersuniformen stehen auf Holzpuppen ohne Kopf. In der Mitte hinten eine Doppelglastür mit Klingel. Die Glasscheiben tragen in verkehrt zu sehenden Goldbuchstaben die Aufschrift der Firma:*

A. WORMSER, KGL. PREUSS. HOFLIEFERANT

*Auf dem Ladentisch Stoffballen, Uniformknöpfe, Epauletten, Handschuhe, Feldbinden und dergleichen. An der Wand ein Bildnis der kaiserlichen Familie und die Fotos höherer Offiziere mit Unterschrift. Auch ein gerahmtes Ehrendiplom und eine Aufnahme des Herrn Wormser in studentischer Couleur.\* Eine Seitentür führt zu Wormsers Privatkontor.*
*Zuschneider Wabschke – klein, bucklig – steht auf einem Schemel und hilft dem Hauptmann von Schlettow in seinen neuen Uniformrock.*

31

v. SCHLETTOW Nein, nein, Wabschke, mit der Uniform da stimmt was nicht. Da is was nich in Ordnung. Das hab ich im Gefühl.

WABSCHKE Herr Hauptmann – mit dem Gefühl, das ist so 'ne Sache ... Wenn ick mal in ein paar neue Buxen steige, selbst zugeschnitten, akkurat genau auf jeden Hosenknopf – da hab' ick auch immer so 'n komisches Gefühl. Und dann komm' ick dahinter; das is gar kein Gefühl – das is nur die Neuheit.

v. SCHLETTOW Nein, nein, Wabschke, machen Se mir nichts vor. Sehn Se mal, ich kann mir als Hauptmann nich jeden Tag 'ne neue Uniform leisten. Gardeleben kostet ja sowieso 'nen tollen Stiefel.* Aber – wenn ich mir eine leiste, dann muß nun alles tadellos in Ordnung sein, darin bin ich komisch, was? (*Er lacht*)

WABSCHKE (*zieht ihm die Rockschöße herunter*) Das sitzt nun alles wie die eigne Haut.

v. SCHLETTOW Sagen Sie!* (*Besieht sich von allen Seiten im Spiegel*) Naja, von vorne is ja nischt zu wollen. Aber hinten! Hinten! Sehn Se sich mal die Gesäßknöpfe an! Die sitzen bestimmt nich vorschriftsmäßig.

WABSCHKE Aber Herr Hauptmann: ick sage Ihnen, wie angewachsen! Man könnte meinen, Sie wären mit Gesäßknöpfen auf die Welt gekommen!

v. SCHLETTOW Sechseinhalb Zentimeter Abstand! Sechseinhalb Zentimeter is Vorschrift! Das da sind mindestens achte, widersprechen Se nicht, das hab ich im Gefühl!

WABSCHKE Na, Herr Hauptmann, so genau wird's Ihnen keiner nachmessen.

v. SCHLETTOW Das hab' ich im Gefühl, da is nischt dran zu klimpern.* Die Gesäßknöpfe werden geändert, Wabschke.

WABSCHKE Da müßten wir nun die ganze Schoßfalte auftrennen, und dann stimmt das wieder in der Taille nich.

v. SCHLETTOW Sehn Se, Wabschke, bei Ihnen merkt man auf Schritt und Tritt, daß Se nich gedient haben. Wenn Se beim Kommiß soviel widersprechen, dann kommen Se aus dem Kasten gar nich 'raus.

WABSCHKE Deshalb hab' ick mir auch lieber 'nen Buckel gezüchtet. Finger lang und Luftklappe geschlossen* – das wär' kein Sport für meines Vaters Kleinsten.

V. SCHLETTOW Das fehlt Ihnen, Wabschke, das fehlt Ihnen! Als Schneider sind Se vielleicht tipptopp, aber als Mensch, da fehlt Ihnen der Schliff, der Schnick, der Benimm,* die ganze bessere Haltung!

WABSCHKE Na, Herr Hauptmann, ick kann ja auch die Knochen zusammenreißen, und das Kinn auf die Krawatte drücken! (*Er markiert stramme Haltung*)

V. SCHLETTOW (*halb lachend, halb empört*) Hören Se auf, Wabschke. Hören Se auf, das kann ich gar nich sehn!!

WORMSER (*kommt rasch herein. Er ist rundlich, rosig, graublond, mit nur geringen jüdischen Rassenmerkmalen*) Was is denn nun wieder los. – Wabschke, lassen Se die Possen! Guten Tag, Herr von Schlettow, ärgern Se sich nicht über den Pojazz, er is nich normal, aber 'nen besseren Zuschneider finden Se in ganz Deutschland nich. Wabschke, halten Se 'n Rand,* ich sage Ihnen immer wieder, bei der nächsten Schnoddrigkeit fliegen Se 'raus. Famos sehn Se aus, Herr Hauptmann! (*Schüttelt ihm die Hände*) Das macht der Dienst, das macht die frische Luft, das macht des Kaisers Garde, was? Na, nun zeigen Se mal her, lassen Se sich mal bewundern, wo sitzt der Schaden, wo liegt der Hund begraben,* das wollen wir gleich haben – was?

V. SCHLETTOW Ich weiß nich, Herr Wormser, mit der Uniform is was nich richtig. Ich hab' so'n komisches Gefühl im Genick, und die Gesäßknöpfe sitzen auch nich vorschriftsmäßig.

WORMSER (*ruft*) Willy, bring' das Maßbuch. Ich werde die Sache untersuchen, Herr Hauptmann, Sie sollen sich persönlich überzeugen. Glänzend steht Ihnen der Rock! Willy, mach' rasch! 'n wunderschöner Stoff, was? 'n Stöffchen! Also das Stöffchen, das kriegen von mir nur die Herren von der Garde und die kaiserlichen Prinzen. Sehn Se mal – (*er fährt mit den Fingerknöcheln übers Tuch*) – 'n Glanz wie so 'n frisch gewichster Pferdepopo – was?

v. SCHLETTOW (*lachend*) Gottvoll, Wormser! Is ja enorm, Pferdepopo –! Einfälle haben Sie!

WILLY (*erscheint mit dem Maßbuch. Er ist sechzehn Jahre alt,
schmal, blaß, verpickelt und ungelenk. Die jüdischen Rassenmark-
male sind bei ihm stärker ausgeprägt als beim Vater*)

WORMSER Zeig her, Willy, leg's hin, schlag's auf, träum' nicht,
mach' ein bißchen.* Sehn Se hier, Herr von Schlettow, – sehn
Se selbst: wie steht's da schwarz auf weiß? Schoßknöpfe Abstand sechseinhalb Zentimeter. Stimmt's oder hab' ich recht?
Was wollen Se mehr.

v. SCHLETTOW Steht schon da, – sitzt aber nich. Messen Se nur
mal nach!
        (*Während der letzten Sätze, etwa gleichzeitig mit dem Auftre-
        ten Willys, ist im Hintergrund auf der Straße ein Mann
        erschienen, kurz stehengeblieben, weitergegangen. Nun kommt
        er langsam zurück, geht bis zur Ladentür, starrt in die
        Scheiben*)

WORMSER Wabschke, Geben Se das Zentimermaß. Willy, halt'
dich grad! Ich kann nich sehen, wie du rumstehst. Wenn du so
weitermachst, kommst du nie zum Militär. Was will denn der
Mann an der Glastür? Willy, schau mal nach. Na, nun läuft er
wieder weg. (*Er mißt nach*) Sehn Se, Herr Hauptmann, wenn
man's genau nimmt, haben Se recht. Also von Ihnen möcht'
ich erschossen werden, Sie treffen 'nen Flohstich mittenmang
in die Mitte. Die Knöpfe sitzen um 'nen halben Zentimeter zu
weit.

v. SCHLETTOW Das hab ich im Gefühl. Das hab ich ja gleich gesagt. Lachen Se nich, Wabschke, Sie denken, das is 'ne Kleinigkeit. Is auch 'ne Kleinigkeit. Aber an den Kleinigkeiten, daran
erkennt man den Soldaten. Darauf is alles aufgebaut, da steckt
'n tieferer Sinn drin, verstehn Se? Genau dieselbe Sache wie
mit dem Stechschritt. Leute glauben immer, das is Schikane. Is
keine Schikane, streckt auch tieferer Sinn drin, das muß man
nur kapieren, verstehn Se?

WORMSER Meine Rede,* Herr Hauptmann, meine Rede! Was sag'
ich immer? Der alte Fritz,* der kategorische Imperativ,* und
unser Exerzierreglement, das macht uns keiner nach! Das und
die Klassiker, damit haben wir's geschafft in der Welt! Willy,
nimm die Händ' aus der Tasche und halt' dich grad. Schau' dir
den Herrn Hauptmann an, das is 'ne Figur. Woher hat er die
Figur? Er hat sich grad gehalten. (*Die Ladenglocke ertönt*) Na,
da is er ja wieder!

WILHELM VOIGT (*schmächtige Gestalt, mager und etwas gebückt,
leicht angedeutete O-Beine, hohles Gesicht mit starken Backenknochen, grauer Schnurrbart, fahle Hautfarbe. Er trägt einen
alten, aber nicht zerlumpten dunklen Anzug. Hemd ohne Kragen,
steifen Hut, grobe Stiefel, in der Hand ein verschnürtes Paket. Er
hält den Türgriff fest und schaut wie erstaunt in den Laden*)

WORMSER Was wollen Se denn? Haben Se was abzugeben?

VOIGT – Nee. (*Er schließt die Tür, geht weiter*)

V. SCHLETTOW Was will denn der, sieht ja aus wie 'ne Leiche auf
Urlaub.

WORMSER Ich weiß nich, – vielleicht will er sich 'ne Gardeuniform
bestellen!

V. SCHLETTOW Tadellos, Wormser! Einfach zum Piepen!*

WABSCHKE (*zu Wormser*) Das is nämlich so, daß wir müßten die
ganze Schoßfalte auftrennen, an der die Gesäßknöpfe ange-
setzt sind, und dann stimmt das wieder in der Taille nich.

WORMSER Also, Herr Hauptmann, wegen der paar Millimeter
werden Se sich den schönen Stoff nich verschnipseln lassen,
Vorschrift is Vorschrift, – aber damit kann Ihnen ja nun wirklich nichts passieren.

V. SCHLETTOW So, kann mir nichts? (*jovial*) Na und wenn ich nun
Untern Linden Majestät begegne, und Majestät zieht Zoll-
stöckchen aus der Tasche und mißt mir Gesäßknöpfe nach, – na
und was dann? (*lacht*)

WORMSER Was dann? Ich werd' Ihnen mal was sagen: dann fragt er natürlich, von wem haben Se den Rock, sagen Sie: von Adolf Wormser aus Potsdam. Was, wird er rufen, von meinem lieben Wormser!! Bei dem lass' ich ja selbst arbeiten! Also dann sind die Knöpfe richtig, und mein Zollstock is falsch! Hier haben Se 'nen Orden, da die geflochtenen Achselstücke, machen Se so weiter, Herr Major – (*sprudelnd*) Sehn Se, wenn Se beim Wormser arbeiten lassen, da sind Se schon befördert!

v. SCHLETTOW (*wiehernd*) Tadellos, Wormser! Is ja enorm! Also einfach gottvoll! Von meinem lieben Wormser! Gottvoll!! (*Gelächter, die Ladenklingel ertönt*)

WORMSER Da is ja der Mensch schon wieder –

VOIGT (*steht in der Ladentür, betrachtet interessiert die im Schaufenster ausgestellten Lackstiefel*)

WORMSER (*geht auf ihn zu*) Was wollen Se denn?

VOIGT (*sieht ihn an*)

WORMSER Wollen Se was? Was haben Se denn hier zu suchen?

VOIGT Ick wollte mir nur mal erkundigen –

WORMSER Raus! Hier wird nicht gebettelt!!

VOIGT (*schließt rasch die Tür, trollt sich*)

WORMSER Das wäre gelacht. Am hellen Tag in mein Geschäft! Die Kerle sind heutzutage so frech, so frech wie die Schmeißfliegen.

v. SCHLETTOW Regen Se sich nich auf, Wormser, lassen Se lieber die Gesäßknöpfe versetzen.

WORMSER Erledigt, Herr von Schlettow, erledigt. Wenn Sie wünschen, – wird gemacht. Willy, hilf dem Herr Hauptmann in seinen Rock. Am Montag haben Se die neue Uniform – mit vorschriftsmäßigen Gesäßknöpfen. Sind Se nun zufrieden?

v. SCHLETTOW Danke, Herr Wormser, vielen Dank, Herr Wormser! Wenn ich mir 'ne neue Montur bauen lasse, dann muß nun alles tadellos in Form sein, da hab' ich meine Freude dran, verstehn Se?

*Dunkel*

## ZWEITE SZENE

*Personen:* OBERWACHTMEISTER, WACHTMEISTER,
WILHELM VOIGT

*Polizeibüro in Potsdam. Geschlossene Fenster, muffige Luft, viel Papier, Akten- und Kassenschrank. An der Wand Kaiserbild, Verordnungstafel, Gendarmeriesäbel und Pickelhauben an Kleiderhaken. Oberwachtmeister und Wachtmeister sitzen einander gegenüber am Schreibtisch. Wilhelm Voigt, Hut und Paket in der Hand, steht dicht beim Oberwachtmeister hinter einer niedrigen hölzernen Schranke. Der Oberwachtmeister schreibt mit kratzender Feder, der Wachtmeister klebt Marken auf Stempelpapier. Aus der Ferne erklingt das Potsdamer Glockenspiel.\**

OBERWACHTMEISTER (*zieht seine Taschenuhr, kontrolliert*) Zwölfe. (*Er löscht ab, klappt Aktendeckel zusammen*)

VOIGT Pardon, Herr Wachtmeister, ick wollte mir nur mal erkundigen –

OBERWACHTMEISTER Erstens ist von zwölf bis zwei geschlossen, das können Se draußen an der Tür lesen. Zweitens bin ich kein 'Wachtmeister', sondern Oberwachtmeister und Reviervorsteher, das erkennt man an den Knöpfen und am Portepee.

VOIGT Na, dann verzeihn Se mal, Herr Kommissär, ick warte nun schon seit halber zwölfe –

OBERWACHTMEISTER Drittens treten Se mal 'nen halben Schritt zurück. In einem Amtsraum hat ein Unbefugter soviel Abstand zur diensttuenden Behörde zu wahren, daß er die Aufschrift auf den Aktendeckeln mit bloßem Auge nicht erkennen kann. Da kann ja jeder kommen und uns einfach über die Schulter gucken. Haben Se noch nie was vom Amtsgeheimnis gehört?

VOIGT Pardon, Herr Oberwachtmeister, ick hab' ja ein kurzes Auge, zum Lesen da brauch' ick 'ne Brille. Und mit dem Amtsgeheimnis, da möcht' ick mir gar nich inkriminieren, bei so was seh' ick überhaupt lieber weg. Ick wollte mir nur mal höflichst erkundigt haben, wie das mit meiner nachgesuchten Aufenthaltserlaubnis bestellt is, ick warte ja nun schon –

OBERWACHTMEISTER Sie heißen?

VOIGT Voigt, Wilhelm.

OBERWACHTMEISTER Schlickmann, mal rasch die Personalakten U-Z. Alter?

VOIGT Sechsundvierzig Jahre.

OBERWACHTMEISTER Beruf?

VOIGT Schuster.

OBERWACHTMEISTER Geboren in?

VOIGT Klein-Pinchow.

OBERWACHTMEISTER Wo is denn das?

VOIGT Da hintenrum, bei der Wuhlheide.*

OBERWACHTMEISTER Wo wohnen Sie jetzt?

VOIGT Garnirgends.

OBERWACHTMEISTER Wieso? Sie müssen doch einen Wohnort angeben können.

VOIGT Nein, kann ick nich.

OBERWACHTMEISTER Na, wo sind Se denn gemeldet?

VOIGT Auch garnirgends. Ick stehe nämlich unter Polizeiaufsicht. Deshalb bin ick ja hier, weil ick mir hier anmelden möchte, und dafür brauch' ick zunächst mal die Aufenthaltserlaubnis.

OBERWACHTMEISTER Wo waren Se denn zuletzt gemeldet?

VOIGT Wieder garnirgends. Ick komme gradewegs aus der Strafanstalt Plötzensee.*

OBERWACHTMEISTER (*hat sich in den Akten zurechtgefunden*) Aha! Vorbestraft! Sogar im Wiederholungsfall. Sie sind ja ein ganz schwerer Junge.*

VOIGT Ick weiß nich, Herr Kommissär, ick werde in letzter Zeit immer leichter. Besonders seit ick aus der Plötze* raus bin, da hab' ick fast nur noch Luft in den Knochen.

OBERWACHTMEISTER Quasseln Se nich. Sie haben wohl auch Luft im Kopf, was? Was wollen Se denn hier in Potsdam?

VOIGT Arbeiten will ick.

OBERWACHTMEISTER Das kann jeder sagen. Warum haben Se früher nicht gearbeitet? Fünfzehn Jahre Zuchthaus, wegen Posturkundenfälschung.*

VOIGT Das is lange her, Herr Kommissär.

OBERWACHTMEISTER Desto schlimmer, desto schlimmer! Mit achtzehn Jahren! Wie haben Se das denn angestellt?

VOIGT Na, da war ick ein junger Dachs, Herr Kommissär. Und es hat sich ja alles in allem nur um dreihundert Mark gehandelt.

OBERWACHTMEISTER Das ist gar keine Entschuldigung.

VOIGT Ick will mir auch gar nich entschuldigen, Herr Kommissär, das war nun mal so. Ick bin da mit 'nem jungen Mädchen gegangen, aus der Hotelküchenbranche. Da war ick ganz weg von. Ick konnte ihr nie was spendieren, verstehn Se, und die Spendierer, die haben se mir einfach abgespannt.

OBERWACHTMEISTER Und da sind Sie einfach hingegangen und haben einfach die Reichspost betrügerisch ausgeplündert.

VOIGT Ick dachte, das spüren se da gar nich, bei so 'nem großen Betrieb. Aber dann haben se mir geschnappt und haben mir gleich fünfzehn Jahre eingesponnen.* Das is doch ein bißchen viel für 'n junges Blut.

OBERWACHTMEISTER Darüber steht Ihnen kein Urteil zu. Das Strafmaß entspricht immer ganz genau der Schwere des Delikts.

VOIGT Meinetwegen. Es is ja nun lange vorbei.

OBERWACHTMEISTER Sowas is nie vorbei, merken Se sich das. Was in Ihren Personalakten steht, das ist Ihnen so festgewachsen wie die Nase im Gesicht. Wer einmal auf die schiefe Bahn gerät –

VOIGT Stimmt.

DHK—D

OBERWACHTMEISTER Wieso 'stimmt'. Was stimmt?

VOIGT Das mit der schiefen Bahn. Da haben Se ganz recht. Das is wie wenn Se 'ne Laus auf 'ne Glasscheibe setzen. Da kann se nun krabbeln und krabbeln und rutscht egal immer wieder 'runter.

OBERWACHTMEISTER Das sind so Redensarten, die kennt man. (*Liest in den Akten*) Nach Verbüßung Ihrer Strafe sind Sie ins Ausland gegangen.

VOIGT Jawohl, nach Böhmen und dann nach Bukarest.

OBERWACHTMEISTER Was haben Se denn dort getrieben?

VOIGT Da hab' ick gearbeitet.

OBERWACHTMEISTER So, bei wem denn?

VOIGT Bei einem Schuhfabrikanten namens Wonkrowitz. Das war ein Jude.

OBERWACHTMEISTER Aha! (*Macht sich eine Notiz*) Und warum sind Se dann zurückgekommen?

VOIGT Das kann man schwer sagen, Herr Kommissär. Ick hatte mir da nämlich recht schön 'reingesetzt.

OBERWACHTMEISTER Warum sind Se dann nicht bei Ihrem Juden geblieben?

VOIGT Weil ick – ick habe mir eben so sehr nach Hause gesehnt. Das war dumm von mir. Bei dem Juden, da war ick nämlich gut unter.*

OBERWACHTMEISTER Haben Se denn in Deutschland noch Familie?

VOIGT Nein, das heißt, haben tu' ick schon noch,* 'ne Schwester zum Beispiel, die is verheiratet. Da trau' ick mir aber mit all meinen Vorstrafen auf dem Buckel garnich 'rauf.

OBERWACHTMEISTER Dann möcht' ich nun wirklich wissen, warum Sie wieder nach Deutschland zurückgekommen sind.

VOIGT Ich sage ja, das war dumm von mir. Aber ick habe mir heimgesehnt. Da unten, da sind se alle ganz anders, und da reden se auch ganz anders. Und da hat nun schließlich der

Mensch seine Muttersprache, und wenn er nichts hat, dann hat er die immer noch. Das glauben Se gar nich, wie schön Deutschland ist, wenn man weit weg ist und immer nur dran denkt. Aber ick sage ja, das war dumm von mir.

OBERWACHTMEISTER (*liest in den Akten, ohne zuzuhören*) Zuletzt hatten Se nun wieder eine Freiheitsstrafe zu verbüßen, – fünfzehn Monate Gefängnis, wegen Melde- und Paßvergehen,* Irreführung der Behörden und versuchter Urkundenfälschung.

VOIGT Da wollt' ick mir nun die Nase aus dem Gesicht reißen. Aber das is nich gegangen.

OBERWACHTMEISTER Was reden Se da?

VOIGT Ick meine, was Sie vorhin gemeint haben, so 'ne Vorstrafe, die schleppt einer mit 'rum wie die Nase im Gesicht. Als Wilhelm Voigt, da hab' ick nichts zu gewinnen in der Lotterie. Nun hab' ick mir gesagt: Schluß mit dem Willem Voigt, fängst du als Friedrich Müller von vorne an. Das war doch gar nich so übel.

OBERWACHTMEISTER Blödsinn. Sie sehen ja, was dabei rausgekommen ist.

VOIGT Ick hab' mir halt nich ausgekannt.

OBERWACHTMEISTER Also hoffentlich kennen Se sich jetzt aus: was ein Gesetz is, und was ein Gefängnis is. Lang genug haben Se ja studiert.

VOIGT Jawohl, das kann ick wohl flüstern. Aber deshalb brauch' ick nun meine Aufenthaltserlaubnis. Ohne die bin ick ja aufgeschmissen. Ick möchte mir hier in den Schuhfabriken für Militärstiefel betätigen, das is nämlich meine Spezialität, die Zugstiefel und die langen Schäfte, und im Gefängnis da haben se mir auch in der Maschinenarbeit ausgebildet.

OBERWACHTMEISTER Haben Se sich denn schon nach Arbeit umgesehen?

VOIGT Das mach' ick den ganzen Tag, seit ick raus bin. Ick hab' mir schon ein paar Sohlen kaputt gelaufen. Die Gefängnisleitung hat mir ja 'ne Empfehlung mitgegeben (*er kramt sie aus der Tasche*) – aber ick komme gar nich dazu, daß ich se vorzeigen kann. Überall wollen se Meldepapiere sehen, und wenn ick in so 'nem besseren Geschäft fragen will, da glauben se, ick will betteln, da hauen se mir gleich raus.*

OBERWACHTMEISTER (*hat kaum zugehört, ordnet die Akten ein*) Also kommen Se mal wieder, wenn Se Arbeit haben. Dann können wir weiter sehn.

VOIGT Ick bekomm' ja keine Arbeit ohne die Anmeldung. Ick muß ja nun erst mal die Aufenthaltserlaubnis –

OBERWACHTMEISTER Das schlagen Se sich mal aus dem Kopf.* Einem stellungslosen Zuchthäusler können wir hier keine Aufenthaltserlaubnis geben. Nachher denken Sie ja gar nicht mehr dran zu arbeiten und treiben sich hier 'rum.

VOIGT Ick muß doch arbeiten. Von was soll ick denn leben?

OBERWACHTMEISTER Das ist Ihre Sache. Sehn Se zu, daß Sie ein ordentlicher Mensch werden. Wenn einer arbeiten will, dann kriegt er auch Arbeit.

VOIGT (*schüttelt den Kopf*) Nee, nee, das is nun ein Karussel, das is nun 'ne Kaffeemühle. Wenn ick nich gemeldet bin, krieg' ick keine Arbeit, und wenn ick keine Arbeit habe, da darf ick mir nich melden. Dann will ick wieder raus. Dann geben Se mir 'nen Paß mit 'nem Grenzvisum, daß ick rüber kann.

OBERWACHTMEISTER Dafür sind wir hier nicht zuständig.*

VOIGT Se haben doch jetzt mein ganzes Vorleben da in der Hand, und wenn Se mir hier nich haben wollen, dann geben Se doch beim Alex* ein, daß ick 'nen Paß kriege!

OBERWACHTMEISTER Ich sage Ihnen doch, dafür sind wir nicht zuständig. Wenn Sie 'nen Paß wollen, müssen Se sich an Ihre Heimatbehörde wenden.

VOIGT Da war ick grade gewesen! Aber da haben se mir gar nich angehört. Du bist bei uns abgehängt,* haben se gesagt. Hier kennen wir dich nich mehr, seit zwanzig Jahren bist du gestrichen. Geh' mal 'ne Ortschaft weiter, die Heimat schämt sich deiner, haben se gesagt. Na ja, sag' ick, ick will ja nun hier auch kein Denkmal gesetzt kriegen, ick will ja nur meine Zuständigkeit.* Da haben se mir 'rausgeflammt.* Nein, nein, da geh' ick nich mehr hin.

OBERWACHTMEISTER Na regen Se sich mal nich auf hier.

VOIGT Ick reg' mir gar nich auf, ick will nur ein Papier haben. Ein Papier, das is doch mehr wert als die ganze menschliche Konstitution, das brauch' ick doch nötiger als das tägliche Brot!

OBERWACHTMEISTER (*schnallt um, setzt seinen Helm auf*) Jetzt machen Se mal 'nen Punkt.*

VOIGT Nee, nee, ick reg' mir gar nich auf, aber es muß ja nun 'nen Platz geben, wo der Mensch hingehört! Wenn ick keine Meldung* kriege und nich hier bleiben darf, dann will ick wenigstens 'nen Paß haben, daß ick raus kann! Ich kann ja nun mit den Füßen nich in der Luft baumeln, das kann ja nur ein Erhenkter!

OBERWACHTMEISTER Ich werde Ihr Gesuch um Aufenthaltserlaubnis weitergeben.

VOIGT Geben Se mir lieber 'nen Paß! Ick will ja wieder raus. Ick will ja nun gerne wieder raus, und ick komme auch so bald nich wieder, da können Se ganz ruhig sein, da können Se Gift drauf nehmen!* Ick weiß ja nun Bescheid, mir haben Se gebrannt, das langt für den Rest!

OBERWACHTMEISTER Sie haben immer noch unklare Vorstellungen über die Zuständigkeitsgrenzen. Für Ihre Paßangelegenheiten kommen wir hier nicht in Frage, merken Sie sich das, is gänzlich ausgeschlossen. Ihr Gesuch um Aufenthaltserlaubnis geb' ich weiter, aber befürworten kann ich's nicht, dafür ist Ihr Vorleben zu fragwürdig. Wir haben genug unsichere Elemente in der Stadt. Schluß jetzt.

VOIGT Dann möcht' ick Ihnen 'nen Vorschlag machen – da möcht' ick Ihnen vorschlagen, daß Se mir gleich expreß wieder in die Plötze zurück transportieren lassen!

OBERWACHTMEISTER Raus! Jetzt wird er auch noch frech! Scheren Se sich raus!

VOIGT Na nu nich. Ick geh' ja schon! Gesegnete Mahlzeit! (*Ab*)

OBERWACHTMEISTER Dummer Kerl. Stiehlt mir 'ne Viertel-
stunde von meinem Mittag. Zum Schluß schimpft er noch. Na
ja. Dem trau' ich nicht über den Weg.

WACHTMEISTER Ich auch nicht, Kerr Kommissär.

OBERWACHTMEISTER Ich geh' jetzt essen. Um halb zwei lös' ich
Sie ab. 'Tag, Schlickmann.

*Dunkel*

## DRITTE SZENE

*Personen*: GÄSTE UND KELLNER IM CAFÉ NATIONAL,
DARUNTER HAUPTMANN V. SCHLETTOW, DR. JELLINEK, EIN
BETRUNKENER GARDEGRENADIER, PAUL KALLENBERG, GE-
NANNT KALLE, WILHELM VOIGT

*Café National in der Friedrichstraße.\* Sonntag vormittag, wenig
Gäste, keine Musik. Im Hintergrund, über einer breiten Portierentür,
ein Schild:*

ZUM BILLARD-KLUB 'BONNE QUEUE'
GESCHLOSSENE VEREINIGUNG

*Von dort hört man das klickernde Geräusch der Billardkugeln, dann
und wann gedämpfte Rufe der Spieler. Einige Damen sitzen stur und
gelangweilt an Marmortischen. Die Kellner lackeln müde am Büffet.
Im Vordergrund rechts sitzen Wilhelm Voigt und Paul Kallenberg,
genannt Kalle. Kallenberg ist bedeutend jünger als Voigt, mit kleinem,
verkniffenem Gesicht, entzündeten Augenlidern, Gefängnisblässe. Er
trägt Kragen und grelle Krawatte.*

KALLE Wo hast denn heute Nacht gepennt?

VOIGT Beim Bahnhof Wannsee,\* und dann auf 'ner Bank im
Grünen.\* Wie's kalt geworden is, bin ick bis Zoo\* gefahren
und hab' mir in den Wartesaal gesetzt.

KALLE Ick hab' in 'nem Bett gelegen. Piekfein.

VOIGT Wieso denn? Wie hast denn das geschafft?

KALLE Ick hab' 'ne Visite gemacht, bei Schmittchen, weißt du, dem Anstaltsgeistlichen von Moabit,* dem mit den Plüschaugen, den wir immer das Rühr-Ei genannt haben. Der hat uns mal seine Adresse gegeben, daß wir ihm sollten vom neuen Leben und von unsrer Besserung 'ne Ansichtskarte schreiben. Ick schelle so gegen achte, das Mädchen macht mir auf, ick rasch 'nen Stiefel in die Türspalte: und 'rein!! Da sitzen se um den Tisch 'rum und labbern rote Grütze.* Nun hab' ick mir an die Wand gelehnt und die Hände vors Gesicht geschlagen und habe geweint, daß mir die Tränen nur·so in die Stoppeln gekullert sind. Das kann ick nämlich jetzt prima mit meinen verkühlten Knallaugen. 'So 'n trauliches Familienleben', hab' ick gewimmert – 'Gottachgott, wer das auch mal hätte!' Da hat er mir gleich 'ne Suppe gegeben, und dann noch 'n Ende Wurst mit so 'ne mehligen Kartoffeln dazu, und in sein Sohn sein Bett* hat er mir gelegt, und der mußte auf dem Kanapee pennen. 'Joachim', hat er zu seinem Sohn gesagt – 'übe dir mal wieder in der christlichen Nächstenliebe.'

VOIGT Na und dann?

KALLE Heute morgen hat's 'nen Kaffee gegeben, der schmeckte bloß nach Zichorie, 'ne trockene Schrippe dabei vom letzten Mittwoch, und dann hat er mir mit seiner ganzen Familie in den Dom* geschickt, weil Sonntag is. Na ick hab' mir geschämt – Untern Linden* mit an jeder Hand 'ne Rotzgöhre! An der Passage* hab' ick kurz kehrt gemacht und hab' mir seitwärts in die Büsche geschlagen.*

VOIGT Du bist 'ne Nummer,* Kalle.

KALLE Gewiß doch, sogar 'ne hohe Nummer, aber 'ne ganz ungerade! Mensch, das mußt du auch sein heutzutage, sonst verreckst du im Stehen und verhungerst vorm Delikatessengeschäft.

EIN KELLNER (*kommt, mustert die beiden mißtrauisch*) Wenn Se hier 'rumsitzen, müssen Se auch was verzehren.

VOIGT Sie Schlauer. Grade ganz genau deswegen sitzen wir nämlich hier 'rum.

KALLE Zwei Kognak.

VOIGT Für mich nich. Ick möcht' 'n heißen Kaffee.

KALLE Zwei Kognak. Willem, du bist eingeladen. Für'n heißen Kaffee kannst du selbst blechen.

KELLNER (*geht*)

VOIGT Hast du Kies?

KALLE (*holt ein paar kleinere Geldstücke aus der Tasche*) Das sind die letzten Morikaner.*

VOIGT Und wenn se abgestorben sind?

KALLE Dann kann ick immer noch meinen Anzug verkaufen. Der is noch ganz schnieke.

VOIGT Mensch, mach das nich! Bleib in Schale*, Mensch!! Ick kann dir sagen, Schale is alles. Wenn du mal so 'rumlaufst als wie ick – dann is nischt mehr zu wollen.*

KALLE Was denn, du bist ja nun auch noch 'n ganz schöner Jüngling.

VOIGT In Potsdam – da hab' ick so 'nen Klamottentempel* gesehn – Junge Junge! da kannst du des Kaisers Rock* für 'n blauen Lappen* kaufen – mit dem ganzen Klimbim.*

KALLE Was meinst du?

VOIGT So'n Uniformgeschäft. Ick bin mal 'rein und wollte nach Arbeit fragen, wegen der hohen Lackstiefel in der Auslage. Mensch – da hängt die ganze Herrlichkeit auf der Stange, wie die Häute beim Lohgerber – da hab' ick gestaunt.

KALLE Hast du denn noch nie 'nen Uniformladen gesehn?

VOIGT Nee; das heißt, bei den Pollacken* schon – aber hierzuland is mir das nie aufgefallen. Da hab ick mir immer gedacht: des Kaisers Rock, na den kriegst du doch von der Kammer,* wenn du Rekrut wirst. Und was so'n Offizier is – der kriegt ihn vom Kaiser selber.

KALLE Ick hab' geglaubt, du wärst 'n Berliner.

VOIGT Bin ick auch. Heutzutage sind doch die meisten Berliner aus Posen.* Ick bin schon aus der Wuhlheide.

KALLE Aber du kennst dir gar nich aus in Berlin, was?

VOIGT Wenn ick hier drin war, dann haben se mir immer gleich hopp genommen.* Das is kein Pflaster für mir.

KALLE Heut Abend – da gehn wir ins Café Dalles. Da werden wir schon 'nen Boss finden, der kesse Jungens braucht, und wenn's für 'ne Schmiere* is.

VOIGT Nein, mach' ick nich. Hab' ick genug davon. Da gehst du verschütt* wie 'n alter Mülleimer. Ick geh' in die Industrie.

KALLE Was willst denn da?

VOIGT Arbeiten.

KALLE Brrrrrr!

VOIGT Da wird klotzig Geld verdient. – Ick bin doch 'n Gelernter.

KALLE Auf dir haben se dort grade gewartet.

VOIGT Was die selbständigen Handwerksmeister sind, die nehmen unsereins nich an, haben se auch ganz recht. So lang se junge Gesellen kriegen mit 'nem ordentlichen Gewerbeschein, was sollen se da mit 'nem alten Knastschieber.* Aber die Industrie – die braucht Maschinenfutter.

KALLE Da hab' ick gar kein Verständnis für. Ick werde 'n Ding drehn* – sooo 'n Ding – und dann hab ick für ein paar Jährchen ausgesorgt.

VOIGT Das wird nichts, Kalle. Wenn du 'n Ding drehn willst, 'n richtiges großes Ding – dafür mußt du 'nen Kopf haben, den hast du nich. Das mußt du ganz genau wissen, verstehst du! Ick wüßte schon – (*verstummt, lächelt*)

KALLE Was weißt du?

VOIGT (*gibt keine Antwort, wiegt lächelnd den Kopf*)

KALLE Du weißt ja auch nichts.

KELLNER (*kommt, stellt das Tablett mit einer Tasse Kaffee und zwei Kognaks auf den Tisch, geht*)

VOIGT (*schüttelt den Kopf*) Nee nee – ick probier's nochmal in so 'ne neue Schuhfabrik.

KALLE Na prost! (*schiebt ihm einen Kognak hin*)

VOIGT (*nimmt den Kaffee*) Auf den nüchternen Magen kann ick das nich vertragen. Ick bin überhaupt kein Alkohol gewöhnt.

KALLE Ick auch nich, aber ick gewöhn' mir dran.
(*Er schüttet sich mit kippender Bewegung einen Kognak hinunter, dann kramt er eine halbgerauchte Zigarette aus der Tasche, glättet sie und zündet sie an.*)

VOIGT (*schlürft langsam seinen Kaffee*)

BEIDE (*schweigen*)
(*Im Hintergrund, durch die Portiere, die den Eingang zum Billardzimmer abschließt, erscheint Hauptmann von Schlettow in Zivil. Er hält noch das Billardqueue in der Hand und übergibt es dann einem nacheilenden Pikkolo. Man sieht ihm an, daß er die zivile Kleidung nicht gewöhnt ist. Der Kragen ist zu hoch und scheint ihn zu drücken. Gleichzeitig mit ihm erscheint Dr. Jellinek, ein junger Assistenzarzt und Billardspieler*)

V. SCHLETTOW Kommen Se, Jellinek, auf die Partie können wir uns getrost 'nen Schnaps verpassen!* 'nen Gegner wie Sie findet man nich alle Tage!

JELLINEK Von Ihnen besiegt zu werden, ist keine Schande. Nee, lieber Hauptmann, da komm ich nich mit, Donnerwetternochmal!

V. SCHLETTOW (*strahlend*) Fein, was, die doppelte Karambolage,* und dann der Rückwärtser* mit dem linken Effet,* daß ich den noch gemacht habe, das hätt' ich selbst nich geglaubt.

JELLINEK Das macht Ihnen so leicht keiner nach. (*Er grüßt kopfnickend einige Damen*). Da drüben, Schlettow, da sind wir 'n bißchen unter uns.

V. SCHLETTOW Ich muß was essen. Ich hab schon wieder Hunger. Ich sage Ihnen, ich kann den ganzen Tag essen.

JELLINEK Freuen Se sich, Sie sind die Gesundheit selbst! Wenn's mehr so gäbe, dann könnten wir Ärzte einpacken. Strotzend wie 'n Baum voll Äpfel, leuchtend wie 'ne Sonnenblume, knusprig wie 'ne frischgebackene Semmel!

V. SCHLETTOW Gottvoll, Doktorchen! Gottvoll sind Se! (*Sie setzen sich links vorn. Ein Kellner ist ihnen gefolgt*) Was nehmen wir denn?

JELLINEK Ich nehm' 'n doppelten Allasch.*

V. SCHLETTOW Mir geben Se 'nen Kognak mit Soda und zwei Eier im Glas!

KELLNER (*geht*)

V. SCHLETTOW (*ruft ihm nach*) Und 'n paar Salzstangen mit Butter und 'ne kleine Platte Schinken!

KELLNER (*über die Schulter*) Roh oder gekocht?

V. SCHLETTOW Gekocht, aber nicht so fett!

JELLINEK Nich so fett wie sonst bei Juden,* was?

V. SCHLETTOW Gottvoll! Zum Piepen! (*Sieht sich um*) Eigentlich trostlos, der Ausschank. Wie 'n Bahnhof oder sowas. Sagen Se mal, kennen Sie all diese Damen persönlich?

JELLINEK Die meisten.

V. SCHLETTOW (*nachdenklich*) Sie als Mediziner haben's doch bedeutend leichter – mit dem Anschluß ans andere Geschlecht.

JELLINEK Na hören Se mal, 'n Offizier wie Sie, der sticht doch alles aus. Jung, adlig, Garde, was wollen Se mehr!

V. SCHLETTOW Na ja, in Uniform, da geht's ja, da macht man Figur,* das gibt 'nen kolossalen Halt, da is man 'n ganz anderer Kerl. Wissen Se – in Staatsbürgerkluft* –, da komm' ick mir immer vor wie 'ne halbe Portion ohne Mostrich.

JELLINEK (*lacht*)

V. SCHLETTOW In so 'nem Lokal wie hier, da is nu mal nich anders möglich. Aber wenn in Bonne Queue nich die quicksten Billardfritzen* von Berlin und Umgebung zu treffen wären – dann käm' ich hier gar nich her.

JELLINEK Is doch ganz harmlos. Is doch keine Räuberhöhle.

v. SCHLETTOW Ja, aber – für Militär verboten – eigentlich. Sehn Se – das müssen Se sich mal vorstellen – unsereins – Offiziersfamilie seit dem Siebenjährigen Krieg, Großvater noch gewöhnlicher Linieninfanterist, ganz ohne von vorne* – da is man nun in punkto Firmenschild verdammt auf'm Kasten.* Offiziersberuf is dauernde öffentliche Verantwortung, hat mein alter Herr immer gepredigt – und damit hat er's bis zum Kommandierenden General gebracht. Auf'n bunten Rock* kein Stäubchen – das is mir Lebensaufgabe.

JELLINEK Jaja, das kann ich verstehn. Möchte auch lieber aktiv* sein, statt fremden Leuten die Bauchdecke aufzuklappen.

KELLNER (*kommt mit den Schnäpsen*)

v. SCHLETTOW (*versunken*) Also ich hab' mir beim Wormser 'ne neue Uniform geleistet – ich sage Ihnen – 'n Glanz wie so 'n frisch gestriegelter Rappenhals.

JELLINEK (*hebt sein Likörglas*) Sehr zum Wohle!

v. SCHLETTOW Wöhlchen, Prösterchen, hipp hipp hurra, möge Ihnen zum Heile gereichen!*

KELLNER (*hat ihm inzwischen Sodawasser eingegossen, geht*)

v. SCHLETTOW Wo bleiben die Eier?

KELLNER Sofort. Müssen erst gekocht werden.

v. SCHLETTOW Gelegt sind se hoffentlich schon.

EINE NEUE DAME (*kommt herein, geht langsam durchs Lokal. Sie ist blond, voluminös, noch recht jung. Kleidung Halbseide, nicht mehr neu. Sie geht, mit der Tasche schlenkernd, an einen leeren Tisch, setzt sich. Lächelnder Augengruß zwischen ihr und Jellinek*)

v. SCHLETTOW (*leicht degoutiert*) Die kennen Se auch schon wieder?

JELLINEK Die? Das is doch die Plörösenmieze,* 'ne ganz originelle Person. Hab' ich Ihnen nie die Geschichte erzählt – kommen Se mal her, das kann ich nich so laut –

v. SCHLETTOW (*beugt sich vor, Jellinek erzählt leise, flüsternd*)

KALLE Na Willem, woran denkst du?

VOIGT Icke? Ick denke gar nischt. Ick döse nur. Wenn ick mit dem Löffel im Kaffeesatz rühre, dann fällt mir immer die Kartenjule ein, das war 'ne Tante von mir. Mensch, Willem, hat se gesagt, sooft ick ihr meinen Kaffeesatz gebracht habe – aus dir wird mal was, da wirst du dir selbst nich mehr kennen.

KALLE So weit hast du's ja nun balde gebracht.

VOIGT (rätselhaft) Sowas is nich von der Hand zu weisen. Nee, nee. Und mit den Sternen – das is nun auch so'n Ding. Glaubst du vielleicht, die gehn uns nischt an, weil se so weit weg sind? Dann hast du keine Ahnung davon.

KALLE Nee Willem, da hab' ick nun grade was ganz andres gedacht.

VOIGT Was denn?

KALLE Das will ick dir sagen. Unscreins, was so lange im Sanatorium* gesessen is, der muß sich nun erst mal aufbauen. Sonst kann er gar nischt wieder werden.

VOIGT Wie meinst denn das?

KALLE Das mein' ick, wie ick's meine. Wer gesessen hat, muß wieder aufstehen. Die Hauptsache is, daß der Mensch noch hinten hoch kann. Schau dir doch mal um! (Weist auf die umhersitzenden Damen)
(Inzwischen ist die Plörösenmieze aufgestanden und an den Tisch von Schlettow und Jellinek herangeschlendert. Gleichzeitig bringt der Kellner Schlettows Essen: Eier im Glas, Schinken, Butter und Gebäck)

PLÖRÖSENMIEZE (wiegt sich ein wenig) Tagchen.

JELLINEK Na Mieze, wie is denn?

PLÖRÖSENMIEZE Wie soll denn sein. Am Abend is duster, und im Zylinder brennt kein Licht.

V. SCHLETTOW (mit dem Salzfaß hantierend, sichtlich unangenehm berührt) Ganz so schlimm wird's ja nun auch nich sein.

PLÖRÖSENMIEZE Ick bin so frei* und setze mir.

V. SCHLETTOW Nee danke. Wir sind hier geschlossene Gesellschaft. Wenn Se 'nen Schnaps wollen, schick' ich Ihnen 'rüber.

PLÖRÖSENMIEZE *(ruhig und trocken)* Auf Ihren Schnaps freu' ich
mir schon seit letzte Weihnachten. Essen Se mal Ihre Eier, sonst
werden se kalt. Sie haben wohl den Sonnabend Abend bei Ihrer
seligen Großmutter verbracht. *(Geht weiter)*

V. SCHLETTOW *(zu Jellinek)* Ekliges Weib. Is mir absolut peinlich,
sowas. Wissen Se Doktor – das Vulgäre liegt mir nich. Da kann
ich gar nichts mit anfangen. *(Essend)* Aber Heiraten is auch
nischt. Nette Mädchens haben alle kein Geld.

JELLINEK Ihnen steht doch jeder Salon offen. Gehn Se nich viel
in Gesellschaften?

V. SCHLETTOW Eigentlich nur zu den offiziellen. Regimentsball
oder so. Wissen Sie – ich bin kein leichtlebiger Mensch. Ich
nehme das alles blödsinnig ernst.

JELLINEK *(rauchend, uninteressiert)* Das is nun mal so. Wir Deutschen machen's uns immer so schwer, nich?

V. SCHLETTOW Richtig. Das macht die Erziehung, glaub' ich.
Also ich hab' schon im Kadettenkorps sehr viel nachgedacht.
Aber was heißt das, man hat ja 'nen Dienst, nich? Das geht doch
über alles, da wird man wieder 'n Mensch, nich wahr? *(Wieder
ganz frisch)* Kann Ihnen sagen, wenn man so morgens auf 'n
Gaul steigt und dann 'raus auf den Schießplatz und quer übers
Gelände geprescht, und dann ein paar Kommandos, und so 'ne
Truppe entwickelt sich haargenau, sag' ich Ihnen, wie so 'n
Uhrwerk! und überhaupt der ganze Kompaniedienst, wo man
jeden einzelnen wie seine Tasche kennt –

JELLINEK Ja, der Beruf ist natürlich die Hauptsache.

V. SCHLETTOW Kann Ihnen sagen – der Dienst – wenn ich das
nicht hätte –

JELLINEK *(gelangweilt)* Rauchen Sie?

V. SCHLETTOW Danke, gern! *(Bedient sich. Beide paffen stumm,
haben sich nichts mehr zu sagen)*

PLÖRÖSENMIEZE (*ist inzwischen weitergegangen und dabei in der Nähe von Voigt und Kallenberg vorbeigekommen. Die folgen ihr mit den Augen, schauen einander an, zögern eine Weile, dann ruft*) KALLE Sie Fräulein, kommen Se mal 'n bißchen näher. Wissen Se was? Ick sage immer: Morgenstund' is aller Laster Anfang.*

PLÖRÖSENMIEZE (*sieht ihn über die Schulter an, zeigt ihre Zähne*) Du meinst wohl: Müßiggang hat Gold im Munde,* was?

KALLE (*scheppernd vor Vergnügen*) Die is richtig! Das hab' ick ja gleich gewußt, die is goldrichtig!

VOIGT (*setzt sich seine Stahlbrille auf*)

PLÖRÖSENMIEZE Na Alterchen, was kiekst denn. Gefall ick dir?

VOIGT (*schmunzelt, schiebt ihr mit höflich einladender Handbewegung seinen nur angetrunkenen Kognak hin*)

PLÖRÖSENMIEZE Danke, Süßer! (*Sie setzt sich, trinkt. Gleichzeitig erhebt sich vorm Lokal ein ziemlicher Lärm, man hört eine betrunkene Soldatenstimme das Lied vom Reservemann grölen*)

EIN STARK ANGETRUNKENER GARDEGRENADIER (*erscheint durch die Drehtür. Hinter ihm ein ebenfalls ziemlich beduselter Zivilist*)

DER GRENADIER (*grölend*) – 'und es wird nicht lang mehr dauern, dann hat Reserve Ruh!'

DER ZIVILIST Nee, August! August! Komm doch zu dir! Mensch, noch bist du Soldat!!

DER GRENADIER Das is mir piepewurstegal!* Morgen is um mit den zwei Jahren!! Heute is heute. Das is mir piepewurstegal!! Ober! Zwei große Helle und zwei doppelte Korn!*

V. SCHLETTOW Unerhört! Was fällt denn dem Kerl ein! Hier is überhaupt für Militär verboten! Ein Mann vom dritten Garderegiment zu Fuß, ein alter Soldat mit der Schützenschnur!

JELLINEK Seien Se vernünftig, Schlettow, mischen Se sich nich 'rein, Sie sind ja hier Zivil und Privat.

V. SCHLETTOW Das kann ich nich mit ansehn, sowas, das kann ich nich mit ansehn.

JELLINEK Ober, zahlen! (*Aber der Ober kommt nicht*)

PLÖRÖSENMIEZE (*steht auf, schlendert an den Tisch des Grenadiers hinüber*)

DER GRENADIER Komm mal 'ran, süße Schnecke, (*schlägt sich an die Brust*) hier is Kasse, hier is Löhnung, hier sitzt de Marie!*

DER ZIVILIST August! Noch bist du Soldat!

DER GRENADIER Das is mir piepewurstegal, verstehst du!

PLÖRÖSENMIEZE Mensch, du hast dir aber mächtig beschmettert!*

DER GRENADIER Das glaub' ick, Puppe. Is ja alles egal. Heute lustig, morgen kaputt. (*Er faßt sie an, sie quietscht*)

V. SCHLETTOW (*rückt nervös auf seinem Stuhl hin und her*)

JELLINEK (*legt die Hand auf seinen Arm*) Ober, zahlen!

KELLNER (*ohne zu kommen*) Sofort!

VOIGT Siehst du, Kalle, das is nun mal nich anders. Wenn einer mit 'm bunten Fell* und blanken Knöpfen kommt – und dann könnten wir auch zehn Märker* auf den Tisch legen – da is nischt mehr zu wollen.*

KALLE Das wär' ja nun gelacht. Das wär' ja nun noch schöner. Das wollen wir nun mal sehn.

VOIGT Da gibt es nischt zu sehn, Kalle. Wie du aussiehst, so wirst du angesehn.

KALLE Du vielleicht, ick nich! Das lass' ick mir nich gefallen! Ick nich! (*In hysterischer Aufregung*) Das wollen wir sehn! Das wollen wir sehn!

DER GRENADIER (*schaukelt die Plörösenmieze auf seinen Knien, grölt*)

> 'Glaubst du denn, glaubst du denn,
> du Berliner Pflanze,
> glaubst du denn, ick liebe dir,
> weil ick mal mit dir tanze!'*

KALLE (*geht zu ihm an den Tisch*) Sie, Herr, die Dame is meine Braut!

PLÖRÖSENMIEZE Du hast wohl 'n kleinen Webefehler, was? Manoli linksrum, was?*

KALLE (*den Grenadier anschreiend*) Hören Se nich, Sie alter Bier-
plantscher!!

GRENADIER Was will denn das kleine Kamuffel.* Dem soll ick
wohl mal die Eisbeine knicken.*

PLÖRÖSENMIEZE Laß ihn doch, der hat ja Bohnen gefrühstückt.

KALLE (*ballt die Faust*) Mensch, ick leg' dir 'n Fünfmarkstück in
dein dämliches Gesicht, daß du vier Wochen dran zu wechseln
hast!

DER GRENADIER Das kannst du gleich haben.
    (*Er langt an der Plörösenmieze vorbei und haut Kalle eine
    Ohrfeige*)

KALLE Das sollst du büßen, Mensch, das sollst du büßen!
    (*Er packt ein volles Bierglas, schüttet aus einiger Entfernung
    den ganzen Inhalt auf den Grenadier*)

DER GRENADIER (*begossen, springt wutbrüllend auf, zieht sein
Seitengewehr*) Dir mach' ick kalt! Kalt machen werd' ick dir!!

KALLE (*retirierend*) Jetzt kommt er mit'm Käsemesser! Das laß
mal stecken, du Hammel, das is ja nich geschliffen!

V. SCHLETTOW (*springt auf*) Jetzt geht's zu weit! Das kann ich
nich mit ansehn! (*Auf den Grenadier los*) Was fällt Ihnen denn
ein! Ich lasse Sie abführen! Kommen Se doch zu sich, Mensch!
Sie sind Soldat!! Waffe weg!!

GRENADIER (*steckt das Seitengewehr ein*) Jawohl, bin ick! Soldat
bin ick, und deshalb hast du mir überhaupt nischt zu sagen!

V. SCHLETTOW (*scharf, ohne zu schreien*) Folgen Sie mir!! Ich bin
Hauptmann im ersten Garderegiment!

GRENADIER Das kann jeder sagen! Für mir bist du ein dämlicher
Zivilist!

V. SCHLETTOW Sie verlassen sofort das Lokal! Folgen Sie mir zur
nächsten Wache! Nehmen Se die Knochen zusammen!*

GRENADIER 'n ganz dämlicher Zivilist! Geh doch nach Hause und
zieh dir um, dann kannst du mir was erzählen, so nich, Män-
necken, so nich!!

DHK—E

ZIVILIST Mach dir nich unglücklich, Mensch! Mach dir nich unglücklich!

V. SCHLETTOW Sie folgen mir! Oder ich hole die Polizei! Los! Vorwärts! (*Faßt ihn an*)

GRENADIER Pfoten weg! Ick lass' mir nich anrühren! Ick lass' mir nich anrühren!! (*Er schlägt Schlettow mitten ins Gesicht*)

V. SCHLETTOW (*brüllt auf*) Was?! Verfluchter – (*Packt ihn, sie kämpfen, der Tisch fliegt um, die Weiber kreischen. Tumult.*)

PLÖRÖSENMIEZE (*am Eingang*) Polizei! Polizei!

PASSANTEN (*von der Straße herein*) Was is denn da los! Da is 'ne Hauerei! Gib ihm, gib ihm Saures!!*

SCHUTZMANN (*mit Pickelhaube, schiebt die Leute auseinander*) Wollt ihr wohl! Das is doch – Laß den Soldaten los! (*Stürzt sich auf Schlettow und den Grenadier, trennt sie*)

V. SCHLETTOW (*blutend, mit heruntergerissenem Kragen*) Nehmen Sie den Mann fest! Bringen Sie ihn auf die Wache!

SCHUTZMANN (*packt ihn mit Polizeigriff*) Los! Beide mitkommen!

V. SCHLETTOW Was fällt Ihnen ein! Der Mann hat mich angegriffen! Ich hab' ihn nur zur Rede gestellt! Ich bin Hauptmann im ersten Garderegiment!

GRENADIER Das kann jeder sagen! Ohne Charge* bist du für mir 'n ganz dämlicher Zivilist!!

SCHUTZMANN Vorwärts! Beide mit!

GRENADIER Da kann ja jeder kommen!* Das is 'n ganz gemeiner Zivilist, is das!

PASSANTEN Recht so! Laß dir nur nichts gefallen! Wozu bist du Soldat!

PLÖRÖSENMIEZE Der Kerl sagt, er wär' Hauptmann, das is aber gar kein Hauptmann!

STIMMEN Frechheit sowas! 'nen Grenadier zu belästigen! ·Haut ihn auf den Deez!

SCHUTZMANN Vorwärts! Platz da, es kommen beide mit.

JELLINEK (*der sich die ganze Zeit ängstlich an seinem Tisch gehalten hat, zu dem Schutzmann*) Lassen Se den Herrn los, das is ein wirklicher Hauptmann, ich kann ihn legitimieren!

SCHUTZMANN (*stur*) Das hilft nichts, das war 'ne Hauerei, es müssen beide mit.

V. SCHLETTOW (*völlig gebrochen, wird mit dem Grenadier abgeführt*)

JELLINEK Na, der kann sich gratulieren. (*Ab ins Billardzimmer*)

KALLE (*wieder bei Voigt am Tisch, hält sich die Backe*) Au weh, Mensch, aua, aua, Mensch.

VOIGT Siehst du Kalle – was hab' ick immer gesagt? Wie der Mensch aussieht, so wird er angesehn.

KALLE Aua, aua. (*Er weint*)

*Dunkel*


*VIERTE SZENE*

*Personen:* PROKURIST KNELL, BÜROANGESTELLTER HIRSCHBERG, TIPPMÄDCHEN, BÜRODIENER, ARBEITSUCHENDE, WILHELM VOIGT

*Personalbüro der Engros-Schuhfabrik 'Axolotl'. Reklamebilder mit dem Firmentier in verschiedensten Variationen an den Wänden: 'Tragt Axolotl!' – 'Axolotl Halbschuhe sind die besten! Jedes Paar 12 Mark 50!' – 'Axolotl, der schicke Großstädterstiefel!' – 'Fest im Lebenskampfe steht, wer auf Axolotl geht!' – 'Gutachten bedeutender Wissenschaftler über die durch Axolotl wiedergewonnene Normalfußform!' – 'Bequem, billig, haltbar' – und so weiter. Im Hintergrund Glastüren, durch die man reihenweise Tippmädchen an langen Bürotischen sitzen sieht und Maschinengeklapper hört. Im Vordergrund Prokurist Knell und Herr Hirschberg einander gegenüber an Schreibtischen hinter einer Holzschranke, ähnlich wie in einem Polizeibüro. Knell unterschreibt Anstellungsverträge, hinter ihm steht ein junges Mädchen, das ihm die Papiere aus Mappen zureicht und die unterschriebenen an sich nimmt. Hirschberg sitzt rechnend über Lohnlisten.*

KNELL (*singt, schreibend und löschend, mit monotoner Stimme und unbewegtem Gesichtsausdruck vor sich hin*)

BÜRODIENER (*tritt ein, bleibt stehen, legt die Hand an die Mütze*)

KNELL (*unterschreibt weiter, ohne aufzusehen*)

BÜRODIENER (*verharrt in strammer Haltung*)

KNELL (*macht die letzte Unterschrift, klappt die Mappe zu*) So. Die wären besorgt. – Hirschberg, notieren Se gleich für die Lohnlisten: 25 Gelernte, 12 Mädchen für die Knopfabteilung, 10 Jungens als Maschinenlehrlinge, 15 Packer neu eingestellt. Morgen früh treten se an.

DAS MÄDCHEN (*mit den Mappen ab*)

KNELL Was gibt's, Krause?

BÜRODIENER Da warten noch Stücker zwanzig Arbeitsuchende, auf die Annonce für die neue Fabrik in Tempelhof.*

KNELL Gelernte?

BÜRODIENER Meistenteils.

KNELL 'n Dutzend kann ich noch brauchen. Lassen Se se 'reinkommen, einer nach dem andern, aber trabtrab!

BÜRODIENER (*ab*)

KNELL (*bricht ab. Erster Arbeitsuchender tritt ein*)

KNELL Wo haben Se gedient?

ARBEITSUCHENDER Beim Loiberregiment, Herr Prokurist.

KNELL Aha, Bayer. Recht so. Wann haben Se gedient?

ARBEITSUCHENDER 1899 bis 1901, Herr Prokurist.

KNELL Mit welcher Charge sind Se abgegangen?

ARBEITSUCHENDER Als Gefreiter der Reserve, Herr Prokurist.

KNELL Gut der Mann, wie heißt der Mann, der Mann kann beschäftigt werden. Zeigen Se mal Ihre Papiere.

ARBEITSUCHENDER (*tut's*)

KNELL (*blättert sie rasch durch*) In Ordnung. Morgen früh treten Se an, Schuhfabrik 'Axolotl' Tempelhof.

ARBEITSUCHENDER Zu Befehl,* Herr Prokurist! (*Ab*)

KNELL Sehn Se Hirschberg, Sie müssen mit den Leuten nur militärisch reden, dann bekommen Se die knappsten und klarsten Auskünfte. ˙

VOIGT (*ist inzwischen eingetreten*)

KNELL Wo haben Se gedient?

VOIGT Bei verschiedenen Handwerksmeistern, und dann hab' ick mir in der staatlichen Schuhfabrikation ausgebildet.

KNELL Ich meine, wo haben Se gestanden?*

VOIGT Gestanden? – ick hab' nur gesessen.*

KNELL Ja waren Se denn nie Soldat?

VOIGT Nee, dazu bin ich garnich gekommen. Ich bin nämlich vorbestraft. – Das sag' ick lieber gleich, als daß es nachher 'rauskommt. Ick denke mir, bei der Industrie, da sind se großzügig. Ick bin Spezialist in Maschinenarbeit.

KNELL Na zeigen Se mal Ihre Papiere her.

VOIGT (*nimmt ein Blatt aus einem Briefumschlag, reicht es ihm*)

KNELL (*sieht sich's an*) Was ist denn das! Sind doch keine Papiere.

VOIGT Der Gefängnisdirektor hat mir gesagt: wenn Se arbeitswillig sind, dann kriegen Se auf die Empfehlung mehr Arbeit als Se leisten können.

KNELL Sie müssen Ihre polizeiliche Anmeldung vorweisen oder einen Paß.

VOIGT Das geben se mir nich auf der Polizei, solang ich keine Arbeit habe.

KNELL Ohne ordentliche Papiere kann ich Sie nich einstellen. Wo käm' man denn da hin. Hier herrscht Ordnung! Jeder Mann muß seinen Stammrollenauszug* in Ordnung haben, wenn Se gedient hätten, wär' Ihnen das in Fleisch und Blut übergegangen.

VOIGT (*ganz ruhig und trocken*) Ick hab' gedacht, hier wär' 'ne Fabrik. Ick hab' nich gewußt, daß das hier 'ne Kaserne is. (*Geht*)

KNELL Raus! Frecher Mensch!! Unerhört so was. Sehn Se, Hirschberg, da haben Se's. Ich weiß genau, warum ich gediente Leute bevorzuge! Heutzutage, bei der Wühlarbeit der Sozialdemokraten, – da muß man doch wissen, wen man im Hause hat! Wie soll man sich denn sonst auf seine Leute verlassen können! (*Zum dritten Arbeitsuchenden, der inzwischen eingetreten ist*) Wo haben Se gedient??

*Dunkel*

## FÜNFTE SZENE

*Personen:* V. SCHLETTOW, SEIN BURSCHE DELTZEIT,
ZUSCHNEIDER WABSCHKE

*Elegant möbliertes Zimmer in Potsdam. Plüschsessel, Nippes, Fotos von militärischen Feiern und Schlachtenbilder an der Wand.*

V. SCHLETTOW (*in Hosen, Gürtel und Hemd*)

DELTZEIT (*sein Bursche, steht vor ihm, starrt ihn hiflos an*)

V. SCHLETTOW Und nun, mein lieber Deltzeit, danke ich Ihnen nochmals für alles. Sie waren tadellos. Es hat immer auf die Sekunde geklappt. Sie kommen jetzt in die Kompanie zurück, und Sie werden auch dort wieder Ihre Pflicht tun und die Zufriedenheit Ihres neuen Vorgesetzten erringen, das erwarte ich von Ihnen.

DELTZEIT Herr Hauptmann, – ich kann gar nicht begreifen –

V. SCHLETTOW (*freundlich barsch*) Das geht Sie auch gar nichts an. Lange Leitung,* was? Sie als Bursche müßten das doch kapieren. Wenn einem Offizier so was passiert, in einem öffentlichen Lokal, da gibt's nur eine Konsequenz: Abschied einreichen. Verstanden? Daß ich keine Wechsel gefälscht habe, – das werden ja auch die Kerls in der Kompanie – nich von mir glauben – (*Erstarrt*)

DELTZEIT Herr Hauptmann haben doch gar nichts dafür können. Herr Hauptmann haben doch nur –

V. SCHLETTOW Quasseln Se nich, Deltzeit. So viel Pech darf ein Soldat nich haben, das is es. Unglück is auch ein Versagen. Schluß jetzt.

DELTZEIT (schluckend) Herr Hauptmann waren immer so gut –

V. SCHLETTOW Stillgestanden! Nehmen Se sich zusammen, Deltzeit. Sie sind doch 'n Mann. (Gibt ihm die Hand) Adieu! Raus!

DELTZEIT Adieu, Herr Hauptmann. (Macht militärisch kehrt, geht)

V. SCHLETTOW (bleibt auf der Stelle stehn, starrt vor sich hin. Es schellt. Gleich darauf erscheint Deltzeit wieder in der Tür)

DELTZEIT Verzeihn, Herr Hauptmann, wenn ich nochmal – da is der Schneider mit der neuen Uniform – soll ich ihm –

V. SCHLETTOW (beißt sich auf die Lippen) Lassen Se ihn 'reinkommen. Los! Der Mann soll 'reinkommen!

DELTZEIT Zu Befehl, Herr Hauptmann! (Ab)

V. SCHLETTOW (gibt sich einen Ruck, fährt sich übers Haar)

WABSCHKE (mit der neuen Uniform, in Seidenpapier eingeschlagen) Herr Hauptmann, da is se! Ick kann Ihnen sagen, wenn Se die mal anziehn, da werden Se kein Gefühl mehr haben.

V. SCHLETTOW Zeigen Se mal her.

WABSCHKE (schält sie rasch aus dem Papier, hält sie hoch, die Gesäßknöpfe nach vorne)

V. SCHLETTOW (mustert sie, nimmt scharf das Augenmaß, nickt beifällig) Jetzt stimmt's, jetzt is in Ordnung. Das seh' ich auf den ersten Blick.

WABSCHKE Da haben wir 'n mächtiges Stück Arbeit mit gehabt, Herr Hauptmann. Wir mußten die Schoßfalte auftrennen, sehn Se, und dann stimmte das wieder in der Taille nich.

V. SCHLETTOW Geben Se mal. (Nimmt den Rock, schlupft hinein)

WABSCHKE (*zupft ihm die Rockzipfel zurecht*) Ein Kunstwerk, Herr Hauptmann. Das is kein Rock mehr, das is 'n Stück vom Menschen. Das is die bessere Haut, sozusagen.

V. SCHLETTOW (*vorm Spiegel*) Da fehlt nichts. Wirklich tadellos.

WABSCHKE Da reißt der Spiegel die Knochen zusammen. Man hört's ordentlich knacken.

V. SCHLETTOW (*dreht sich herum, knöpft den Rock auf*) So. Nun tragen Se das mal ins Geschäft zurück und fragen Sie Herrn Wormser, ob er die Uniform in Kommission übernehmen will. Ich kann sie nich brauchen. Wenn er se nich los kriegt, komm' ich natürlich dafür auf. Für die Differenz auch, – selbstverständlich.

WABSCHKE Ja, wieso denn, Herr Hauptmann. Se wollen die schöne neue Uniform –

V. SCHLETTOW (*mit erzwungener Heiterkeit*) Plan geändert, Wabschke. Werde mal ein bißchen Landwirtschaft betreiben. Hatte schon immer so was vor. Kleine Erbschaft, Kornklitsche,* Pferdezucht, is ja viel besser, aus mit dem bunten Rock. (*Hat den Rock ausgezogen, gibt ihm ein Fünfmarkstück*) So, nun packen Se ein.

WABSCHKE (*schlägt die Uniform ein*) Danke, Herr Hauptmann. (*Nach einer kleinen Pause, während der Schlettow pfeift*) Herr Hauptmann sollten sich das nich so zu Herzen nehmen.

V. SCHLETTOW Wieso denn? Was wollen Se denn, ich will ja.

WABSCHKE Ick weiß ja nun nich, – das geht mir auch nischt an. Ick meine nur – (*fast zart, behutsam*) das Militär is ja sehr schön, aber es is nun wirklich nich das einzige auf der Welt. Die Welt is groß, ûnd jeden Morgen geht die Sonne auf. Wenn einer jung is, – und gesund, – und grade Knochen hat – ick meine, – wenn einer 'n richtiger Mensch is, das is doch die Hauptsache, nich?

V. SCHLETTOW Na gehn Se mal. 'n schönen Gruß an Herrn Wormser.

WABSCHKE Dankschön. (*In der Tür*) Ick meine, das is doch die Hauptsache, Herr Hauptmann. (*Ab mit der Uniform*)

V. SCHLETTOW (*allein*) Vielleicht – vielleicht hat er recht – Nee, pfui!

*Dunkel*

## SECHSTE SZENE

*Personen:* DER HERBERGSVATER, EINIGE PENNBRÜDER, DARUNTER BUTTJE, ZECK, GEBWEILER, KALLENBERG, WILHELM VOIGT. DIE WACHTPATROUILLE: EIN VIZEFELDWEBEL, EIN GEFREITER, ZWEI MANN

*Herberge zur Heimat im Berliner Norden,* * *saubere Bretterwände, mit Dachpappe und Zeitungspapier abgedichtet, zweistöckige Bettstellen aus Holz und Maschendraht, Strohsäcke, Karbidlampen. Mehrere Bettstellen sind schon besetzt.*

VOIGT und KALLENBERG (*sitzen im Vordergrund auf einer Bettstelle*)

KALLE (*wickelt einen Harzer Käse* * *und ein Stück Brot aus einem Sacktuch*) Wollen mal Fettlebe machen.* Hier, hast 'nen halben Harzer, knie dir 'rein.*

VOIGT Nee, Kalle, iß nur alleine. Ick hab' keinen Hunger.

KALLE (*essend*) Dir steckt was in der Nase, Mensch, das seh' ick dir doch an. Wenn du 'n Ding im Hals hast, dann hust' es mal 'raus. Ick werde dicht halten,* das weißt du.

VOIGT Wenn du mitmachst, Kalle, dann wär' das ein Masseltopp.* Alleine komm' ick nich 'rein.

KALLE (*rückt dicht zu ihm*) Was denn? Wo denn? Steckt Pinkepinke* drin?

VOIGT In Potsdam, im Polizeirevier, da hat das Fenster keine Gitter und geht nach dem Hof, da is keine Wache nachts. Man müßte erst über die Mauer, das geht zu zweit, und dann brauchst du nur die Scheibe einzudrücken. Die Aktenschränke haben gewöhnliche Schlösser, die knackst du mit 'nem gebogenen Zimmernagel.

KALLE (*enttäuscht*) Was willst denn in Potsdam auf dem Polizeirevier? Da is doch nischt zu holen.

VOIGT Kalle, da haben se mein ganzes Vorleben in den Personalakten, da brauch' ick nur aufzuschlagen unter Vau.* Ick wollte mir da anmelden, da haben se alles eingefordert: die Gerichtsurteile und die Zuchthausentlassung und die ganzen Polizeiberichte, das brauch' ick nur in den Ofen zu stecken, dann is es weg.

KALLE Plemmplemm,* Willem, was?

VOIGT Nee, Mensch, das hab' ick scharf ausbaldowert,* da haben se auch 'nen ganzen Schrank voll Paßgeschichten, da haben se richtige schöne Pässe haben se da zu liegen, zum Überschreiben oder zum Verlängern, und 'nen Dienststempel und Stempelmarken und Stempelpapier, da findest du alles, was du zum Leben brauchst.

KALLE Is da auch 'ne Kasse drin?

VOIGT Gewiß doch, Mensch, da wird auch 'ne Kasse sein, freilich is da 'ne Kasse, da is doch auch 'n Gerichtsvollzieher und 'ne Gemeindesteuer dabei.

KALLE Wenn keine Kasse is, dann mach' ick nich mit.

VOIGT Die Kasse, die kannst du ganz alleine behalten, da will ick nischt von haben als ein Billet an die böhmische Grenze, das kostet nich viel.

KALLE Ick muß mir das überlegen. Wenn keine Kasse is –

VOIGT, Natürlich is da 'ne Kasse. Und ein ganzer Schrank voll Formulare. Und die ganzen Personalpapiere. Da mach' ick Schluß mit. Dann bin ick gestorben. Und dann mach' ick 'rüber,* da gibt es 'ne ganze Menge Schuhfabriken, in Prag und in Budweis, weißt du –

KALLE Wenn da 'ne Kasse is, dann könnt' man drüber reden.

VOIGT Da wird keine Kasse sein! In Potsdam! Das is ein reiches Nest. Is doch auf jeder Polizei 'ne Kasse.

KALLE Man könnt' ja mal 'reinkieken. Da kann ja nich viel passieren dabei.

VOIGT Dann hätt' ick 'nen Paß – und dann fang' ick ganz von vorne an.

*(Von ferne hört man das Kasernensignal: Zu Bett!)*

BUTTJE Jetzt müssen die Hämmel in Stall.

KALLE Wenn du meinst, Willem, dann könnten wir morgen auf die Nacht 'rübermachen. 'n Browning hab' ick auch.

VOIGT Den laß mal zu Hause. Wo hast du den überhaupt her?

KALLE Ick hab' 'nem besseren Herrn in die Tasche gegriffen, ick dachte, es wär' ein Portemonnaie. Aber das war auch ein Griff. *(Läßt den Revolver sehn)* Siehst du? Der richtige kleine Hosenknipser. Is noch geladen.

VOIGT Da brauchen wir keinen Revolver dazu, is ja keine Wache da. Laß den mal weg. Wenn's schief geht, und du hast 'ne Waffe, dann bist du verratzt.*

KALLE Glaubst du denn, daß die Kiste brenzelt?*

VOIGT Nee, nee, da kann nischt passieren bei. Ick meine nur so. Man soll den lieben Gott nicht in die Nase kitzeln, sonst niest er.

KALLE Wollen die Sache mal beschlafen.

VOIGT Ick kann garnich mehr pennen, Kalle. Mir geht das immer im Kopf rum. Und dann hör' ick auch immer –

KALLE Was hörst du?

VOIGT Trommeln. Und Glocken, weißt du. Manchmal ganz hell, wie wenn ein Glas springt. Und dann rauscht es wieder, als wenn du an so 'ne Muschel horchst.

KALLE Das kommt von Ohrenschmalz, Willem. Du mußt dir mal mit dem Finger voll Spucke in die Löffel* fahren.

VOIGT In Einzelzelle, da hab' ick nachts immer das Ohr an die Mauersteine gelegt. Erst war lange nichts, – dann kam so'n ganz leises rieseliges Knistern, ganz von innen aus dem Stein 'raus. Da hab' ick mir gesagt, jetzt wächst er wieder.

KALLE Wer, der Bohrwurm oder dein Piepmatz im Kopf,* was?

VOIGT Der Stein, Kalle! Das verstehst du nich, da bist noch zu klein für. Du denkst noch, was gebaut is, das hält, und was fest is, das bleibt auch fest. Nee, Mensch. Das wächst alles, ein Stein so gut wie ein Apfelkern. Nur geht das nich so rasch, und es merkt auch keiner.

KALLE Is ja Mumpitz. Daß die Bartstoppeln wachsen, das merkst du, sonst merkst du garnischt.

VOIGT Unter so 'ner großen Stadt, mit all ihrem Gebumms und Gemäuer, da is ja auch noch Erde drunter, Sand, Lehm und Wasser, nich? Und in dem Menschen sein Kopf, da sind Gedanken inne, und Wörter, und dann das Geträumte, das wird immer mehr, das wächst alles, es weiß nur noch keiner, wo das mal hin soll.

KALLE Ick werde mal drüber schlafen, vielleicht weiß ick's dann morgen früh. (*Er legt sich zurück, zieht sich die Stiefel aus*)

VOIGT (*lacht leise*) Wenn ick 'nen Paß habe, – und über die Grenze bin, dann mach ick einfach zu Fuß weiter. Da kommt das böhmische Riesengebirge,* das is groß.

KALLE (*gähnend*) Ick geh nich mehr tippeln.* Ick hab immer gleich böse Füße. Es geht ja auch auf Herbst, Willem.

VOIGT Im September is immer schön. Und in den Tälern dreschen sie das Sommergetreide aus, da wird noch handgedroschen, da hast du leicht was zu tun, für 'ne Suppe und 'nen Happen Brot.

KALLE So'n Hundeleben.

VOIGT Sag' das nich. Da bist du frei, dafür kannst du auch mal frieren, und da hast du immer 'nen Weg vor, und wenn es regnet, denkst du, morgen is besser . . . Du – wenn ick erst 'raus bin –

DER HERBERGSVATER (*öffnet plötzlich die Tür, stößt einen Pfiff aus*) Kinders, macht mal das Licht aus, es hat schon längst Zapfenstreich geblasen. Wenn Licht durch die Ritzen fällt, dann kiekt die Patrouille 'rein. Wenn dunkel is, geht se vorüber, das is für manch einen gemütlicher. (*Geht wieder*)

GEBWEILER (*der die ganze Zeit mit dem Gesicht zur Wand auf seiner Bettstelle gelegen hat, fährt plötzlich herum, ganz blaß. Fast schreiend, in elsässischer Mundart*) Mach das Licht zu!

ZECK Zieh doch die Decke übern Kopf, wenn du nich pennen kannst.

GEBWEILER (*verkriecht sich unter die Decke*)
(*Es pocht an der Tür. Gleich darauf wird sie von außen geöffnet. Der Herbergsvater läßt die Patrouille ein. Totenstille im Raum*)

FELDWEBEL Aufstehn! Mal alles von den Betten wegtreten. (*Zum Herbergsvater*) Papiere in Ordnung?

VATER Das wird schon alles stimmen. Sind lauter Tippelkunden.*

FELDWEBEL Werde mal ein paar Stichproben machen.

BUTTJE (*zerrt Gebweiler aus der Decke, mit peinlicher Diensteifrigkeit*) Aufstehn sollst du, hörst du nich, aufstehn, aufstehn!!

FELDWEBEL (*zu Zeck*) Paß vorzeigen.

ZECK Gottedoch, den hab' ick versehentlich auf dem Abort liegen lassen.

FELDWEBEL Machen Se keine Witze. Haben Se keinen Paß?

ZECK Ick sage ja, auf dem Abort muß er liegen, drüben im Strammen Hund, da können Se kieken gehn, wenn er nich 'reingefallen is.

FELDWEBEL Kerl, ich lasse Sie gleich abführen. Haben Se sonstige Ausweispapiere?

ZECK (*greift in seine Tasche*) Wollen mal sehn. Ach sieh mal – da is ja mein Paß! (*Hält ihm grinsend den Paß hin*) Verzeihn Se mal, da hatt' ick mir getäuscht.

FELDWEBEL (*verlegen*) Sie haben's grad nötig.\* Wenn die Sache nich in Ordnung is, kommen Se mit auf Wache.

ZECK Da wollt' ick schon immer mal hin. Da soll es so'n guten Schnaps geben.

FELDWEBEL Sein Se still!! Ich geb' Ihnen gleich 'n Schnaps! (*Studiert den Paß*)

BUTTJE (*hat inzwischen von Gebweiler abgelassen, der schlotternd im Schatten neben seiner Bettstelle stehen bleibt. Jetzt drängt er sich an den Feldwebel*) Hier ist mein Wanderschein,\* im Polizeipräsidium gestempelt.

FELDWEBEL (*schiebt ihn beiseite, übersieht rasch die vorgehaltenen Papiere der andern, sieht Voigt an*) Was haben Sie denn da?

VOIGT (*gibt ihm ein Papier*) Ick hab' nur 'n Entlassungsschein aus der Plötze. 'n Paß haben se mir nich ausgestellt.

FELDWEBEL (*sieht den Schein*) Is gut. Sehn Se zu, dass Sie 'n Paß kriegen.

VOIGT Dankschön. Ich werd's versuchen.

FELDWEBEL Das genügt für heute. Ich bitte mir aus, daß hier jetzt Ruhe herrscht.

VATER Ick werde die Lampen 'rausnehmen, Herr Feldwebel.

ZECK (*dem der Feldwebel seinen Paß zurückgibt*) Is was nicht in Ordnung, Herr Feldwebel? Das wär' mir nämlich sehr unangenehm.

FELDWEBEL Halten Se 'n Rand, sonst nehm' ich Sie doch mit. Vorwärts marsch,

DER GEFREITE (*hat die ganze Zeit Gebweiler angestarrt, der unter dem Blick immer unruhiger wurde*) Verzeihn, Herr Feldwebel, ich habe eine Beobachtung gemacht.

FELDWEBEL Was denn? Raus damit.

GEFREITER Der Mann in der Ecke, – der Mann in der Ecke, das scheint mir der Louis Gebweiler zu sein, der Deserteur, auf den ein Steckbrief ausgehängt ist.

FELDWEBEL (*geht auf Gebweiler zu*)

GEFREITER Er war ja bei der Sechsten, aber ich hab' ihn oft im Kasernenhof gesehn.

FELDWEBEL (*sieht Gebweiler scharf an*) Sind Sie der Deserteur Gebweiler?

GEBWEILER (*gibt keine Antwort*)

FELDWEBEL Papiere vorzeigen!

GEBWEILER (*rührt sich nicht*)

FELDWEBEL Kommen Sie mit.

GEBWEILER (*in Todesangst*) Nein, nein, ich bin das nicht –

GEFREITER Das is er, das is er! Haben Herr Feldwebel gehört, wie er spricht? (*Macht ihm nach*) Ich bin das nicht! Das is er!

FELDWEBEL Da haben wir ja 'nen schönen Fang gemacht. Nehmt den Mann in die Mitte. (*Zum Gefreiten*) Ich werde Sie morgen beim Appell dem Kompanieführer vorstellen.

GEFREITER (*reißt begeistert die Knochen zusammen*)

GEBWEILER Nein nein, ich bin's nicht, ich will nicht –

FELDWEBEL Faßt ihn an.

DIE SOLDATEN (*packen ihn*)

GEBWEILER (*kurz aufschreiend*) Mama! (*Er verstummt*)

BUTTJE Mama hat er gerufen.

DIE ANDEREN (*schweigen*)

FELDWEBEL So 'n blöder Hammel. Warum läuft er weg? Bei uns wird keiner gebissen. Die zwei Jahre sind nur gesund. Da lernt man was, und da kann man auch vorwärts kommen. Jetzt werden se dir die Hammelbeine langziehn. Kriegst mindestens fünf

Jahre Festung und wirst in die zweite Klasse des Soldaten-
standes versetzt. Das hättest du dir sparen können. Na, is ein
Wagges,* da is kein Wunder. Die Drillchbluse hat er auch noch
an. Diebstahl von Heeresgut, das verschärft die Sache. Im
Krieg wird so einer glatt an die Wand gestellt.

ALLE (*haben seine Rede schweigend angehört. Keiner regt sich*)

FELDWEBEL Na denn, vorwärts marsch. (*Nicht ohne Gutmütigkeit*)
Faßt ihn unter, der kann ja nicht gehn alleine. Zu dumm, so'n
Kerl. Gute Nacht. (*Ab. Gebweiler zwischen den beiden Soldaten
unter Führung des Gefreiten voraus*)

VATER Kinder, das war 'n böser Schreck, mir is ganz kalt in den
Knochen! (*Er nimmt die Lampen ab*) Los, in die Falle, ick muß
jetzt duster machen. Der arme Teufel, den hätten se können
laufen lassen. Is ja noch 'n Kind.

ZECK Verfluchte Lausebande. Wenn's nach mir ginge,* ick würde
die ganzen Kasernen in die Luft sprengen, und die Zuchthäuser, und den Reichstag und überhaupt alles.

VATER Fluch nich, Zeck. Ordnung muß sein. Jetzt pennt mal. (*Mit
den Lampen ab*)
    (*Es ist dunkel und still*)

ZECK (*vor sich hin*) Verfluchte Lausebande.

VOIGT (*im Vordergrund·auf dem Bett. Leise*) Kalle, – Kalle –

KALLE Ja?

VOIGT Kalle, morgen nacht, du läßt mir nich im Stich, Kalle? Ick
muß 'n Paß haben, Kalle, ick muß hier 'raus.

KALLE (*schon im Halbschlaf*) Wenn da 'ne Kasse is – (*er atmet tief*)

VOIGT Kalle – schläfst du, Kalle? Herrgott, – wenn ick erst 'raus
bin –
                    *Dunkel*

## SIEBENTE SZENE

*Personen:* A. WORMSER, WILLY WORMSER, WABSCHKE,
OBERMÜLLER

*Wormsers Uniformladen in Potsdam. Willy lehnt am Ladentisch und
liest Zeitung. Militärmarsch fern, Trommeln und Pfeifen.*

WORMSER (*kommt aus seinem Büro*)

WILLY (*versucht rasch die Zeitung wegzustecken*)

WORMSER Natürlich, da liest er wieder Zeitung. Mußt du immer
lesen? Zeig her, was steht drin? Ich sage ja, immer unterm
Strich* muß er lesen, immer unterm Strich! Lies überm Strich,
wenn du lesen willst! Lies den Kurszettel, lies die Handelsnachrichten, lies die Politik, interessier' dich fürs praktische
Leben! Was hast denn da angestrichen? Gerhart Hauptmann
Première im Deutschen Theater,* von Alfred Kerr.* Was
brauchst du sowas zu lesen, verstehst du ja doch nich. Grins'
nich so impertinent, du verstehst von so Sachen auch nich mehr
wie dein Vater, bild' dir das nur nich ein! Was is denn da schon
wieder? (*Liest*) Potsdam– aufregende Verhaftung im Polizei –
ziß ziß ziß ziß ziß doch ein starkes Stück.* Da sind se heut nacht
in unser Polizeirevier eingebrochen, ausgerechnet bei der Polizei, wollten die Kasse ausheben, – ich sag' ja, die Kerle sind so
frech wie die Schmeißfliegen. Geschossen haben se auch, na,
sie haben se wenigstens erwischt. Zwei alte Zuchthäusler natürlich, – warum läßt man so Kerle überhaupt wieder raus, wenn
se nachher einbrechen. Da is was Interessantes – Jagdgesell-
schaft Seiner Majesät des Kaisers in Rominten* – fabelhaft!
Sechs regierende Fürstlichkeiten unter den Tischgästen, – also
bei so was möcht' ich mal dabei sein, und wenn's als Kellner
wär'. Ja, unser Kaiser, der imponiert mir, der Mann hat 'nen
großen Zug.* Da, lies die Tischrede, die er wieder gehalten hat,
– da kannst du was lernen, das is Stil, das is Geist, da is
Schwung drin! Was is denn, Wabschke?

WABSCHKE (*ist von der Seite hereingekommen, mit Schlettows Uniform überm Arm*) Ick wollt' se ins Schaufenster hängen, bis wir mal einen dafür finden. Wozu haben wir uns nun die ganze Arbeit mit den Gesäßknöpfen gemacht.

WORMSER Bezahlt war se auch noch nich. Na, jetzt brauch' ich wenigstens nich zu mahnen. Schade, der Schlettow – das war 'n ordentlicher Mensch. Hängen Se mal hin, da die Litewka* kann weg, die is nich mehr Mode, die trägt man jetzt nur noch in Silbergrau.

OBERMÜLLER (*tritt ein. Er ist etwa dreißig Jahre alt, gut gewachsen, mit sichtbarer Anlage zur Korpulenz. Zwicker und blondes Schnurrbärtchen geben seinem Gesicht einen etwas besorgten Ausdruck, der auch seine Sprache und seinen Tonfall färbt. Trotzdem hat alles, was er sagt, den ernsten Klang einer wohlfundierten idealistischen Überzeugung. Er trägt die Uniform eines Einjährigen* Vizefeldwebels*) Guten Morgen, Herr Wormser!

WORMSER Guten Morgen, guten Morgen, Herr Einjähriger – wie war doch rasch der Name – ?

OBERMÜLLER Obermüller, Doktor Obermüller aus Köpenick.

WORMSER Richtig, verzeihn Se, lang nich mehr gesehn, und was wird gebraucht, Herr Doktor?

OBERMÜLLER Nun, es handelt sich diesmal um –

WORMSER (*unterbricht*) Darf ich raten? Kann man gratulieren, sind wir so weit? Na, na, kann ich raten? Kann ich raten?

OBERMÜLLER Allerdings. Der Bataillonsadjutant hat mir heute mitgeteilt, daß meine Ernennung zum Leutnant der Reserve soeben erfolgt ist, es kam mir etwas überraschend, ich muß nun sehn, wie ich mit der Equipierung* fertig werde. Sie müssen mir da helfen, Herr Wormser –

WORMSER Gemacht, gemacht, aber das sag' ich Ihnen gleich, Herr Doktor, gute Arbeit braucht gut Zeit. Sie wollen doch auch was vorstellen in Ihrem neuen Glanz. Nein, das freut mich, das freut mich aber wirklich für Sie. War doch erst Ihre zweite Übung,* nich?

OBERMÜLLER Die dritte, Herr Wormser, die dritte. Ich hatte nämlich einige Schwierigkeiten mit dem Schießen, wegen meiner Kurzsichtigkeit. Aber – das hab' ich nun Gottseidank hinter mir.

WORMSER Recht so. Muß ein schönes Gefühl sein, wenn man auf einmal mit Herr Leutnant angeredet wird, das schmeichelt den Gehörknöchelchen. Wissen Sie, ich sage immer: vom Gefreiten aufwärts beginnt der Darwinismus. Aber der Mensch, der Mensch fängt erst beim Leutnant an, is nich so, is nich so?

OBERMÜLLER Das möchte ich nicht grade behaupten – aber – für meine Laufbahn ist es natürlich außerordentlich wertvoll. Ich brauche die Uniform wirklich besonders eilig, Herr Wormser, ich –

WORMSER Wabschke, holen Se 's Maßbuch. Sie sind doch Staatsbeamter, Herr Leutnant, nich?

OBERMÜLLER Meine Mutter kommt nämlich zu Besuch, sie legt besonderen Wert drauf, sie ist ja aus einer Offiziersfamilie. Ich? Kommunalbeamter,* Herr Wormser. Nun ja, ich wollte eigentlich in die Politik gehn, – ich hätte mir vorgestellt, als Nationalökonom, etwa im Rahmen der Fortschrittlichen Volkspartei,* für das Gesamtwohl zu wirken, – vor allem schriftstellerisch, – aber – dazu gehören Mittel.

WORMSER Beamter is auch immer sehr schön.

OBERMÜLLER Gewiß doch, man kann gut vorwärtskommen, – ich bin jetzt schon im Köpenicker Stadtmagistrat, wenn ich Glück habe, kann ich mal Bürgermeister von Köpenick werden, (mit leisem Lächeln) so was ist natürlich auch eine Wirksamkeit zum Wohle des Volksganzen.

WORMSER Na, zum Reserveleutnant haben Se's ja schon gebracht, das is die Hauptsache, das muß man sein heutzutage, – gesellschaftlich, – beruflich, – in jeder Beziehung! Der Doktor ist die Visitenkarte, der Reserveoffizier ist die offene Tür, das sind die Grundlagen, das is mal so!

WABSCHKE Da beißt die Maus kein' Faden ab.*

WORMSER Sein Se still, Wabschke. Sie sind nich gefragt. Wissen Se was, Herr Leutnant, da fällt mir was ein, ich hätt' was für Sie, – wenn Se's so eilig haben, – schlupfen Se mal in den Rock 'rein! Der müßt' Ihnen grad passen! (*Nimmt Schlettows Uniform von der Stange*)

OBERMÜLLER Das ist ja ein Hauptmannsrock, soweit sind wir noch nicht, Herr Wormser! (*Lacht*)

WORMSER Kommt noch, kommt noch! Wir müßten nur ein paar kleine Änderungen machen, und andere Achselstücke, dann ist die Sache bon. Knöpfen Se mal zu, Wabschke.

WABSCHKE Sitzt, als wär' er für Ihnen zugeschnitten. Nur um die Hüften ein bißchen knapp.

OBERMÜLLER Ja, ich habe etwas starke Hüften, das ist eine Berufskrankheit sozusagen, das macht die sitzende Lebensweise.

WORMSER Ich werd' Ihnen mal was sagen. Die Uniform nehmen Se. 'ne neue dauert acht Tage, drunter is nich zu machen. Und überhaupt es kostet Sie billiger, und sie is noch gar nich getragen, funkelnagelneu, ich habe se in Kommission übernommen, der Herr hat quittieren müssen, (*senkt die Stimme*) haben Se nichts von dem skandalösen Vorfall gehört – cherchez la femme, natürlich.

OBERMÜLLER Nein, danke, ich interessiere mich gar nicht für Skandalaffären. Im Munde der Öffentlichkeit werden solche Dinge doch immer entstellt.

WORMSER Meine Rede, Herr Leutnant, meine Rede! Was sag' ich immer? Nur kein Klatsch, nur kein Geschwätz, die Hälfte ist gelogen, die andre Hälfte geht mich nichts an. Bei uns wird so viel ins Geschäft getragen – da hör' ich einfach nicht zu. Na, schaun Se mal in Spiegel, wie gefallen Se sich als Offizier?

OBERMÜLLER Nicht übel! Nicht übel! (*Tritt etwas zurück, nimmt den Zwicker ab, besieht sich von oben bis unten*) Kleider machen Leute,* da ist nun doch was Wahres dran. So 'ne Uniform hebt entschieden, – es geht ein gewisser Zauber von ihr aus –

WORMSER (*macht indessen hinten ein paar Kreidestriche*) Sehn Se
Wabschke, hier – und da – und da – das is 'ne Kleinigkeit. Ja ja,
da sieht man, was man wert is, Herr Leutnant, nich? Das
Schöne is, daß man was geworden is, was nich jeder werden
kann, das macht Spaß! Geben Se mal die Stecknadeln,
Wabschke!

OBERMÜLLER Umgekehrt, lieber Herr Wormser, grad umgekehrt!
Das Große ist bei uns die Idee des Volksheeres, in dem jeder
Mann den Platz einnimmt, der ihm in der sozialen Struktur der
Volksgemeinschaft zukommt! Freie Bahn dem Tüchtigen!*
Das ist die deutsche Devise! Die Idee der individuellen Freiheit verschmilzt bei uns mit der konstitutionellen Idee zu einem
entwicklungsfähigen Ganzen. Das System ist monarchisch, –
aber wir *leben* – angewandte Demokratie! Das ist meine Überzeugung!

WORMSER Sicher, sicher, das will ich meinen, bei uns is mehr
Freiheit wie in so 'ner Republik, da könnten se alle was lernen
von. So, jetzt is alles in Ordnung. Also mit der Uniform haben
Se Glück gehabt, Herr Leutnant.

OBERMÜLLER Nun ja, wenn's rascher geht, – ich hätte mir natürlich lieber eine neue, – aber – der Eile halber –

WORMSER Sie können se morgen fertig anziehn. Dann nehmen wir
gleich Offizierskoppel zum Unterschnallen, Bandelier, Mütze,
Helm, wie is Ihre Kopfnummer, Herr Leutnant?

OBERMÜLLER Neunundfünfzig. Ich habe einen ziemlich ausge-
bildeten Schädel.

WORMSER Da is auch was drin! Willy, hilf dem Herrn Leutnant in
seinen Rock, sei ein bißchen gefällig. (*Militärmarsch, Blech-
musik, näher kommend*)

WORMSER Prachtvoll, so'n alter Preußenmarsch, was? Das reißt
einen hoch, das geht einem in die Knochen!

WABSCHKE Da kann ein Laubfrosch Polka tanzen lernen.

WORMSER Sein Se ruhig, Wabschke, Sie sind unmusikalisch. Also
nochmals, meinen herzlichsten Glückwunsch, Herr Leutnant,
es hat mich sehr gefreut.

OBERMÜLLER Danke, danke sehr, Herr Wormser.

WORMSER Sagen wir, morgen um dieselbe Zeit is alles fertig. Is recht?

OBERMÜLLER Das ist mir sehr lieb, Herr Wormser, meine Mutter kommt nämlich morgen zu Besuch, ich habe ihr depeschiert, da möchte ich natürlich gern –

WORMSER In Uniform – freilich, selbstverständlich! Die Frau Mutter wird eine Freud' haben an so 'nem strammen Leutnant!

OBERMÜLLER Ja ja – meine Mutter legt nämlich großen Wert – auf Wiedersehn, auf Wiedersehn, Herr Wormser!

WORMSER Auf Wiedersehn, Herr Leutnant, auf Wiedersehn! (*Komplimentiert ihn bis zur Tür*)

OBERMÜLLER (*ab*)

WORMSER Der hat's geschafft. Was heutzutag nich alles Offizier wird! Nimm dir ein Beispiel, Willy!

*Dunkel. Militärmarsch, nah, mächtig*

# Zweiter Akt

ACHTE SZENE

Personen: ZUCHTHAUSDIREKTOR, ANSTALTSGEISTLICHER,
AUFSEHER, STRÄFLINGE, DARUNTER WILHELM VOIGT

*Die Zuchthauskapelle in der preußischen Strafanstalt Sonnenburg.\**
*Sie gleicht einem nüchternen Vortragssaal mit erhöhtem Podium. Die*
*einzelnen Sitze für die Sträflinge sind durch hohe Rückenlehnen und*
*gleich hohe Seitenwände von einander getrennt, sodaß jeder für sich*
*allein in einem nach vorn offenen Holzkasten sitzt. Vergitterte Fen-*
*ster. Wachen rechts und links am Ausgang. Die Aufseher sitzen abge-*
*sondert auf Stühlen.*

DER ANSTALTSGEISTLICHE (*steht auf dem Podium, dirigiert*)

DIE GEFANGENEN (*stehend, mit Gesangbüchern in der Hand, singen*
*den Choral*)
'Bis hierher hat uns Gott geführt
In seiner großen Güte –'

DER GEISTLICHE (*nach Schluß der Strophe*) Genug für heute.
Gesangbücher einsammeln.

DIE AUFSEHER (*sammeln ein*)

GEISTLICHER An Stelle einer Predigt wird heute zur Feier des
vierzigsten Jahrestages unseres großen Sieges bei Sedan\* der
Herr Direktor persönlich eine Stunde vaterländischen Unter-
richt abhalten.

EIN STRÄFLING (*unsichtbar*) Ahh – !

GEISTLICHER Wer war das? Nun, ich will annehmen, daß dies ein
Laut aufrichtiger Freude war. Ihr wißt alle, wie viele Bevor-

zugungen und Erleichterungen ihr der Güte eures Direktors zu verdanken habt. Benehmt euch danach. Hinsetzen. (*Er geht*)

DIE GEFANGENEN (*setzen sich*)

DIREKTOR (*tritt ein. Die Gefangenen springen auf. Der Direktor ist ein würdiger alter Herr mit langem, grauem, in der Mitte zwiegeteiltem Bart. Über dem Bart ein rundes, rosiges, freundliches Gesicht, mit glänzender, glatter Stirn. Er trägt einen grauen Anzug mit langen Rockschößen*) Guten Morgen, Leute!

DIE GEFANGENEN (*brüllen*) Guten Morgen, Herr Direktor!

DIREKTOR (*auf dem Podium*) Abzählen!

DIE GEFANGENEN (*zählen auf militärische Weise ab, von eins bis dreißig*)

DIREKTOR Recht so! Das klappt schon ganz vorzüglich. Eins bis sieben Kavallerie, acht bis zwölf Artillerie, dreizehn bis vierundzwanzig Infanterie, der Rest Genietruppen, Train und Sanität. Setzt euch!

DIE GEFANGENEN (*setzen sich*)

DIREKTOR Wie ihr wißt, schreiben wir heute den zweiten September. Da fällt mir übrigens ein, morgen, am dritten September, findet doch eine Entlassung statt. Wer ist das gleich?

VOIGT (*steht auf*)

DIREKTOR Ah, Sie sind das, Voigt, nicht wahr?

VOIGT Jawohl, Herr Direktor.

DIREKTOR Wie lange waren Sie jetzt bei uns?

VOIGT Zehn Jahre, Herr Direktor.

DIREKTOR Weswegen sind Sie eigentlich hergekommen?

VOIGT Wegen Einbruch ins Potsdamer Polizeirevier. Ick wollte mir da –

DIREKTOR Ja, richtig. Nun, lieber Freund, Sie haben sich durch eine untadelige Führung und durch Ihre Arbeitsamkeit die Schätzung Ihrer Vorgesetzten erworben. Hoffen wir, daß – aber darüber wollen wir uns morgen noch unterhalten, nicht wahr?

VOIGT Gern, Herr Direktor.

AUFSEHER (*springt in diesem Moment in eine der hinteren Reihen*) Hände 'rauf! Hände 'rauf! So, dich hätten wir.

DIREKTOR Was ist denn los, was soll denn das heißen?

AUFSEHER Da hinten haben se wieder geschmuggelt. Ick hab' se schon die ganze Zeit heimlich im Auge gehabt.

DIREKTOR (*tadelnd*) Das hätte ich am heutigen Tage nicht erwartet. Was haben Sie denn da?

AUFSEHER Hier ein Viertel Kantinenwurst hat er gegen zehn Zigaretten eingetauscht, und im Ärmel hat er 'n Kassiber* stecken.

DIREKTOR Einen Kassiber? Was steht denn drin?

AUFSEHER Nichts. Is nur gezeichnet.

DIREKTOR Zeigen Sie mal her. – Schämen Sie sich. Das will ich gar nicht sehen. (*Er zerknüllt den Kassiber, steckt ihn in die Tasche*) Die Zigaretten werden beschlagnahmt. Sie ahnen ja gar nicht, wie Sie mit solchem Gift Ihre Gesundheit schädigen. Ich rauche überhaupt nicht. Die Wurst mag er behalten, aber zum Essen, nicht zum Tauschhandel!

AUFSEHER (*gibt dem Gefangenen die Wurst zurück*) Hier, steck' se ein.

DIREKTOR Stecken *Sie* sie ein. Sie wissen, ich lege Wert darauf, daß die Anstaltsinsassen immer mit Sie angeredet werden.

AUFSEHER Pardon, Herr Direktor, das hatt' ick nur verschluckt.

DIREKTOR Also wir haben uns hier zusammengefunden, zur Feier des zweiten September, des Sedantags. Sechzig Millionen deutsche Herzen schlagen höher bei dem Gedanken, daß heute vor vierzig Jahren unser glorreiches Heer auf blutiger Walstatt den entscheidenden Sieg errang, der uns erst zu dem gemacht hat, was wir sind. Viele unserer Mitbürger gedenken heute in stolzer Freude eines ihrer Anverwandten, der diesen Sieg mit erringen half. Auch ich hatte, wie ihr wißt, das unvergeßliche Glück, als junger Kriegsfreiwilliger an diesem großen Tage vor dem Feind zu stehn. Dieses höchste Glück, einen Krieg fürs Vaterland mitzumachen, kann natürlich nicht jeder Generation beschieden sein. Auch diejenigen, welche in den Zwischenzeiten in friedlicher Arbeit ihrer Heimat dienen, erfüllen eine hohe Mission. Vor allem hat die segensreiche Einrichtung der allgemeinen Wehrpflicht unserem Volke in seinem stehenden Heer eine lebendige Kraft geschaffen, die auch in Friedenszeiten unsere sittliche Festigkeit und unsere körperliche und geistige Gesundheit gewährleistet. Vielen von euch war es leider durch frühe Schicksalsschläge versagt, diesem Heer anzugehören, und, Schulter an Schulter mit fröhlichen Kameraden, im Wehrverband zu stehen. Was euch dadurch an hohen Werten verloren gegangen ist, habe ich immer nach besten Kräften mich bemüht, euch hier an der Stätte neuer Erziehung und neuer Wegweisung, so weit es angängig ist, zu ersetzen. Manch einer, der vor Antritt des Strafvollzugs noch keinen Unteroffizier von einem General unterscheiden konnte, verläßt diese Anstalt als zwar ein ungedienter, aber mit dem Wesen und der Disziplin unserer deutschen Armee hinlänglich vertrauter Mann. Und das wird ihn befähigen, auch im zivilen Leben, so schwer es anfangs sein mag, wieder seinen Mann zu stellen.* Kommen wir wieder auf den historischen Anlaß unserer heutigen Feier zurück. Wie ihr wißt, war es mir persönlich vergönnt, an der Erstürmung der außerordentlich wichtigen Höhe 101 teilzunehmen, eine Aktion, welche zwar nicht die Entscheidung herbeiführte, aber immerhin dazu beitrug. General der Infanterie von der Tann stand mit nur drei kriegsstarken Divisionen einer Übermacht von vier feindlichen Armeekorps unter Führung des französischen Generals Boulanger gegenüber. Unterstützt wurde unsere Aktion durch die Artillerie des dritten Korps und die erste bayrische Kavalleriedivision unter Generalleutnant Fürst Donnersmarck. – Über die Stärke und Einteilung der verschiedenen Truppenverbände seid ihr euch hoffentlich noch im klaren. Wie ist die Gliederung eines Armeekorps beschaffen? – Bulcke!

BULCKE (*ein langer Kerl mit riesigen Händen, leiert herunter*) Ein Armeekorps besteht aus zwei Infanteriedivisionen, die Division zu je zwei Brigaden Infanterie, einer Kavallerie und einer Artilleriebrigade. Die Brigade besteht aus –

DIREKTOR Danke, na, Sie waren Soldat, das merkt man. Aus wieviel Kompanien besteht ein kriegsstarkes Infanterieregiment? – Pudritzki?!

PUDRITZKI (*klein, mit sehr starkem Stoppelwuchs und polnischem Akzent*) Is sich – is sich verrschieden, Härr Direktorr.

DIREKTOR Unsinn! Sie lernen's nie, setzen Sie sich. Wer weiß es?

VOIGT (*meldet sich unter anderen*)

DIREKTOR Gut Voigt, Sie brauchen es nicht zu sagen, ich will Ihnen eine schwerere Frage stellen. Was versteht man unter einer Kavalleriedivision?

VOIGT (*klar, ohne zu stocken*) Eine Kavalleriedivision ist eine selbständige Formation, welche direkt der Armee unterstellt ist und über deren Einsatz das Armeekommando je nach der Lage verfügt. Sie besteht aus drei, manchmal vier Kavallerieregimentern, denen eine Abteilung berittener Feldartillerie zur Unterstützung beigegeben ist.

DIREKTOR Bravo, Voigt! Schr gut, der Voigt! Sie haben hier ordentlich aufgepaßt und auch was gelernt. Sie werden sehen, daß es Ihnen im späteren Leben einmal von Nutzen sein wird. Treten Sie mal heraus, Sie übernehmen die Führung der Sturmregimenter, es ist ja heute das letzte Mal, daß Sie an unserer Übung teilnehmen. Aufseher Lorenz, teilen Sie sechs Mann ein, zwei von jeder Haupttruppengattung, die Pioniere und die Etappe brauchen wir erst später, beim Vormarsch.

AUFSEHER (*ziemlich barsch*) Los, eins, zwei, eins, zwei, eins, zwei, 'raustreten!

DIREKTOR Hier herauf, aufs Podium, damit alle sehen können. Bulcke, Sie markieren die bayrische Kavalleriedivision. Voigt mehr nach vorne, diese beiden stehen hinter Ihnen, die stellen das zweite und das dritte westpreußische Grenadierregiment dar. Nein, mehr 'rüber, hier ist eine Bodenfalte, rechts davon ein Sumpf. Die Artillerie unterhalb des Podiums in Deckung gehen,* so ist's recht, ducken, ducken. Ihr tretet erst in Erscheinung, nachdem der erste Kavallerieangriff zurückgeschlagen ist. Da, wo ich stehe, ist die Hauptmacht des Feindes zu denken, und dieser Stuhl markiert die Höhe 101. Es ist 11 Uhr vormittags, gradaus im Gelände erkennen wir eine Windmühle, dahinter steigt ein weißes Wölkchen auf. Was bedeutet das, Bulcke?

BULCKE Schlecht Wetter, Herr Direktor.

DIREKTOR Aber Bulcke, von Ihnen hätte ich eine andere Antwort erwartet! Es handelt sich natürlich um das Mündungsfeuer feindlicher Artillerie.

BULCKE Verzeihung, Herr Direktor, Se hatten das letzte Mal gesagt, daß es um c!fe an zu trippeln fing, und da hatt' ick nun gemeint –

DIREKTOR Richtig, Bulcke, das macht die Sache wieder gut, ich wußte doch, daß Sie aufpassen. Ein vorübergehender leichter Strichregen hat die Sicht etwas erschwert. Aber gegen Mittag hellt es sich wieder auf. Während nun die Kavallerie in leichtem Trab in Richtung auf die Windmühle zu vorrückt, – los, los, – nein, mehr hier 'rüber. Sie kommen ja mit Ihrem rechten Flügel in Sumpfgelände! – was tun Sie da, Voigt?

VOIGT Ick halte mir bereit, und lasse auf alle Fälle mal ein Regiment ausschwärmen. Das Kommando gebe ich durch meinen Stabstrompeter. (*Er ahmt das betreffende Signal nach*)

DIREKTOR Bravo, Voigt! Sie erfassen die militärische Situation, als wären Sie selbst dabei gewesen. Wo haben Sie das nur her?

VOIGT Das hat ein Preuße im Blut, Herr Direktor. (*Wendet sich zu seinem Hintermann*) In Gruppen rechts schwenkt, – marsch! Grade – aus! Ohne Tritt, – marsch!

DIREKTOR Nanu, was is denn, wo lassen Sie denn den Mann hinmarschieren?

VOIGT Das is das zweite Regiment, Herr Direktor, das is jetzt in Reserve, da laß ick's inzwischen an die Feldküche marschieren. Wenn die ihre Suppe drin haben, dann sind se nachher frisch.

DIREKTOR Hervorragend, Voigt! Beispielgebend! (*Zu den anderen*) Das ist diejenige denkende Selbständigkeit des Unterführers, die im Ernstfall * benötigt wird. Ein Jammer, daß es zu spät ist, Voigt! Sie sind der geborene Soldat, trotz Ihrer O-Beine. Aber jetzt setzt sich die Kavallerie in Galopp und geht zur Attacke über! Vorwärts marsch!

BULCKE UND DIE ANDREN (*stürmen los*) Hurra! Hurra!

*Dunkel*

## NEUNTE SZENE

*Personen:* FRAU HOPRECHT, FRIEDRICH HOPRECHT,
WILHELM VOIGT

*Die Wohnstube bei Hoprechts in Rixdorf.\* Bürgerliche Einrichtung
mit Sofa, Spiegel, Öldruckbildern, Kalender, Gasbeleuchtung. Zwei
Türen, eine zum Gang, eine zum Schlafzimmer. Frau Hoprecht, stehend, hat einen Uniformrock mit Unteroffizierstressen überm Bügel
an die Schranktür gehängt, zieht die Messingknöpfe in die Knopf-
gabel ein und bearbeitet sie mit einem putzmittelgetränkten Lappen.
Wilhelm Voigt sitzt am Tisch, Hut und verschnürtes Paket auf den
Knien, vor einer Tasse Kaffee. Er ist gekleidet wie früher.*

FRAU HOPRECHT Na, Willem, nun leg' mal deinen Hut und dein
Paket weg, und fühl' dir ein bißchen zu Hause. Viel können wir
dir nicht bieten, du mußt halt vorliebnehmen mit dem, wie's is.

VOIGT Danke, Mariechen. Der Kaffee schmeckt schön.

FRAU HOPRECHT Hast du auch Zucker genommen? Nimm nur ordentlich Zucker, es sind ja nich viele Bohnen drin, es is ja nun
alles recht schwer. Friedrichens Gehalt geht grade in die Wirtschaft 'rein, und mein Seifengeschäft wirft kaum die Kosten ab,\*
in Rixdorf sind se mit Seife sparsam, und jede Drogerie und
jeder Frisör is heut 'ne Konkurrenz, es is ja nun leider gar kein
Schutz auf Seife.

VOIGT Mariechen, nich daß du meinst, ick möchte euch zur Last
fallen, nich? Ick wollte dir ja nur mal guten Tag sagen. Ick
werde nun mal wieder gehn.

FRAU HOPRECHT Ausgeschlossen. Willem, das darfst du mir nich
antun, da wird mir mein Mann schön ausschimpfen, wenn ich
meinen einzigen Bruder gleich wieder weglaufen lasse, daß er
ihn nich mal kennenlernt.

VOIGT Da wird er nun wenig Freude von haben, glaubst du nich?

FRAU HOPRECHT Willem, sag' so was nich, du kennst ihn nich.
Der Mann is die Güte selbst, das is er, der kann keine Fliege im

Spinnweb zappeln sehn. Gewiß, auf seinem Magistrat, wo er in Amt is, da kann er auch mal energisch werden, da is er sehr streng drin, er is nun überhaupt ein Feind von jeder Unregelmäßigkeit, das kann er nich vertragen. Aber nee, Willem, das darfst du nich falsch auffassen, außerm Amt is der Mann die Güte selber, der hat das Herz auf 'm rechten Fleck, sag' ick dir!

VOIGT Ick hab' mir's lange überlegt – ob ick 'rauf soll – ick war auch schon ein paar Mal drunten vorm Haus.

FRAU HOPRECHT Siehst du, Willem, es is überhaupt 'ne Schande, daß du früher nie den Weg zu deiner Schwester gefunden hast, wer weiß, vielleicht wär' dann alles anders gekommen.

VOIGT Früher – da hätt' ick hier nich 'reingepaßt, Marie. Ick hab' mir auch nich getraut. – Aber jetzt . . .

FRAU HOPRECHT Nee, das war nich recht, Willem, daß du dir nie hast sehn lassen. Und wenn du mal geschrieben hättest, wenn wir nur gewußt hätten, in welcher Strafanstalt du bist, dann hätt' ick dir mal ein Weihnachtspaket geschickt.

VOIGT Das is schön von dir.

FRAU HOPRECHT Na natürlich, man is doch Geschwister. Also erkannt hätt' ick dir ja nich. Das is nun auch her – wart' mal, da war ick ja noch 'n Kind! Nee, wenn ick denke, wie Mutter gestorben is . . .

VOIGT Nich von Muttern, bittschön.

FRAU HOPRECHT Nee, nee, Willem, wenn du nich willst. Ick dachte nur, du möchtest nun gern mal was hören davon.

VOIGT (schüttelt den Kopf)

FRAU HOPRECHT Nun muß er gleich kommen, se haben heute schon um halber sechse Schluß, das heißt nur die, was Reservisten oder Landwehr sind und morgen zum Kaisermanöver auf Übung in die Kaserne müssen. Da heißt es nämlich schon um viere früh antreten.

VOIGT Is das 'ne freiwillige Übung?

FRAU HOPRECHT Natürlich! Er wär' ja überhaupt lieber Militäranwärter geblieben, aber damals haben wir von Tante den Laden geerbt und dachten, da sieht mehr 'raus bei.* Nee, wenn er nich manchmal 'ne Übung hätte, ich glaube, dann wär' der Mann verkümmert. Das is für ihn das einzige! Sonst hat er ja nichts, mal 'nen Kegelabend, mal die Pfeife, höchstens mal 'n Glas Bier, solid wie er is.

VOIGT Du hast es ja gut getroffen, Marie.

FRAU HOPRECHT Da hast. du recht, Willem, für den Mann, da kann ick froh sein. Es müßte nur alles ein bißchen besser gehn, weißt du, es geht ja ganz gut, es is nur alles ein bißchen schwierig.

VOIGT (sieht sich um) Gemütlich is hier . . .

FRAU HOPRECHT Die Decke müßte geweißt werden, und der Boden gestrichen, und im Teppich waren die Motten drin, man hat nur kein Geld übrig.

VOIGT Mir kommt das alles vor – wie neu.

FRAU HOPRECHT Das bist du nich mehr gewöhnt, Willem. So, jetzt sind se aber blank.

VOIGT Da kann er sich bei Mondschein rasieren drin, braucht er keinen Spiegel mitnehmen.

FRAU HOPRECHT Es is nämlich diesmal was Besonderes mit seiner Landwehrübung, er soll Vize* werden, er is nun wohl an der Reihe, aber du, sag' nich, daß ick dir's gesagt habe, er macht ein Geheimnis damit, da is er wie 'n Kind, nur im Traum, da hat er schon davon gesprochen – und hier, siehst du, (sie macht den Schrank auf, zeigt einen versteckten, in Papier gewickelten Gegenstand) da hat er sich schon 'nen Portepeesäbel gekauft, den darf er sich nämlich selbst stellen, weißt du, wenn er zum Feldwebel befördert wird – aber nich sagen, daß ick's weiß, da will er mir überraschen mit – da, jetzt ruft se wieder, hörst du nich? Ja, ja, ick komm' schon! (Man hört eine dünne Stimme, fast wie die eines Kindes, einige Male von fern nach Frau Hoprecht rufen) Da haben wir auch so Pech mit, das is nämlich unsre Untermiete, wir haben ja noch ein Hofzimmer, das war ja nun eigentlich für die Kinder gedacht – Friedrich hat es sich so gewünscht.

aber ick war doch krank damals, und nun is ja zu spät, da haben wir denn vermietet, ein sehr ordentliches Mädchen, noch keine sechzehn Jahre, sie hat in einer Weißzeugnäherei gearbeitet, aber jetzt hat se's auf der Brust, sie liegt schon den dritten Monat, zahlen kann se auch nich mehr, sie is nämlich Waise. Friedrich wollte sie schon ins Lazarett schicken, aber dann weint se, und dann läßt er se wieder, er is ja so gut, (*sie hat im Plappern das Putzzeug weggeräumt, jetzt hört man die Stimme wieder*) ja, ja, jetzt komm' ick ja, se möchte nie allein bleiben, dann kriegt sie's mit der Angst, 'n Augenblick, Willem ... (*Ab*)

VOIGT (*bleibt zuerst still sitzen, dann steht er auf, legt Hut und Paket auf den Stuhl, geht zum Schrank, besieht sich genau die dort hängende Uniform. Er studiert die Achselklappen, spricht halblaut vor sich hin*) Einundzwanziger Leibgrenadiere. Mhm. Allerhand. (*Er betrachtet den Helm, der an einem Haken hängt*) Infanteriehelm. Mhm. (*Er tastet danach, als wollte er ihn herunternehmen. In diesem Augenblick beginnt eine Wanduhr sechs zu schlagen, mit einem dünnen, hellen Ton, der durch ein sonderbar leises Rasseln unterbrochen wird. Voigt fährt herum, macht einige zögernde Schritte auf die Uhr zu*) Das is doch – das is ja die alte Uhr –! Nee, so was. (*Er bleibt stehen, starrt die Uhr an. Inzwischen hört man das Geräusch eines Korridorschlüssels, das Klappern einer Tür, dann tritt*)

HOPRECHT (*ins Zimmer. Er ist jünger als Voigt, mit breiter, kräftiger Gestalt, klarem, starken Gesicht. Einfach gekleidet*)

VOIGT (*sieht immer noch die Uhr an. Dann dreht er sich langsam um*) Guten Tag, Herr Hoprecht ...

HOPRECHT Guten Tag. Wer sind Sie denn?

VOIGT Ick bin nämlich Ihr Schwager. Der Wilhelm Voigt.

HOPRECHT Ach so. (*Er überlegt einen kurzen Augenblick, dann geht er auf Voigt zu, gibt ihm die Hand*) Das freut mich. Das is recht von dir, daß du mal herkommst. Komm', setz' dich. Wo ist denn Marie?

VOIGT Das kranke Mädchen hat grade gerufen, da is se mal hinter.

HOPRECHT Aha. Bist du schon lang hier?

VOIGT Nee, seit 'ner halben Stunde. Ick wollte ja nur mal . . .

HOPRECHT Da sind ja noch deine Sachen. Die tu' ich mal 'raus.

VOIGT Ick wollte nun wieder gehn.

HOPRECHT Das gibt's nich. Wir müssen uns doch mal kennenlernen. Oder hast du keine Zeit?

VOIGT Zeit hab' ick genug.

HOPRECHT Na also. Setz' dich nur ruhig. Du bleibst über'n Abend, das is doch klar.

VOIGT Ick weiß aber nich, ob das geht. Ick möchte nich stören.

HOPRECHT Unsinn! Erlaub' mal, aber da hab' ich doch recht, nich? (*Er hängt Voigts Sachen vor die Tür, kommt zurück, sieht Voigt an*) Ich will dir was sagen. Ich mach' nämlich kein' langen Summs,* das kann ich nich. Du bist der Bruder von meiner Frau, da gehörst du auch zu mir. Hier bist du willkommen.

VOIGT Das is 'n Wort. Ich dank' dir.

HOPRECHT Nischt zu danken. (*Sie setzen sich*) Wie geht's dir denn jetzt, Wilhelm?

VOIGT Na, es geht. Es muß erst wieder anfangen. Ick war jetzt zehn Jahre aus der Welt, weißt du . . .

HOPRECHT Das weiß ich. Seit wann bist du 'raus?

VOIGT Seit heute morgen erst. Ick wußte nun gar nich wohin. Man kennt sich gar nirgends mehr aus nach so lange.

HOPRECHT Hast du denn gar keine Bekannten mehr?

VOIGT Nee. Ick war ja früher schon mal fünfzehn Jahre drinnen, dazwischen noch mal anderthalb in Moabit, und sonst war ich im Ausland. Ick kenne nur Leute von drinnen, weißt du, und die, die möcht' ich nun lieber nich mehr kennen, weißt du.

HOPRECHT Jawohl, das versteh' ich. Is auch in Ordnung, Wilhelm. Du wirst nun, wenn ich mal prophezeien darf, ganz von vorne anfangen, nich? Der Mensch kann immer wieder ganz von vorne anfangen, da is man nie zu alt für.

VOIGT Ja, das wär' schon gut.

HOPRECHT Das is gut, Wilhelm. Da werden wir dir mal ein bißchen unter die Achseln fassen. Das wird schon werden.

VOIGT Ick hoffe auch. Wenn se mir nur lassen.

HOPRECHT Arbeit wirst du schon finden. Heute sind se nich mehr so.

VOIGT Das kann sein. Aber ick meine die Behörden. Wegen dem Aufenthalt.

HOPRECHT Das is alles halb so wild.* Sind doch keine Kannibalen! Ick bin ja selbst so 'n Stück Behörde, na und? Wenn man genau hinguckt, is auch 'n Mensch, was? (*Lacht*)

VOIGT (*mitlachend*) Vor dir hab' ick 'nen mächtigen Bammel gehabt, kann ick dir sagen.

HOPRECHT Sag' mal, hast du denn schon Quartier?

VOIGT Nee. Aber ich hab 'n bißchen Geld, ick hab' ja Spezialarbeit gemacht. In die Penne brauch' ick noch nich.

HOPRECHT Spar' mal dein Geld, wirst du froh für sein. Jetzt bleibst du zuerst mal hier, bis daß du 'ne Anstellung hast.

VOIGT Nee, Friedrich, das mach' ick nich. Das kann ick nich annehmen.

HOPRECHT So, kannst du nich? Mußt du aber. Das is Regimentsbefehl, verstehst du? Da gibt's keine Widerrede. Wenn du denkst, du willst das nich umsonst annehmen, da kannst du ja meiner Frau mal im Geschäft zur Hand gehn, bis du was andres hast.

VOIGT Dafür bin ich nich 'raufgekommen, wirklich nich. Ick wollte nur mal wieder ein Wort mit 'nem Menschen sprechen.

HOPRECHT Glaub's schon, Wilhelm. Mir is überhaupt sehr lieb, wenn jetzt ein Mann im Haus is, so lang ich auf Übung ins Manöver geh', Marie is so leichtsinnig mit der Kasse, alles läßt se offen 'rumstehn, da hab' mal ein bißchen ein Auge drauf, nich?

VOIGT (*schweigt einen Augenblick, dann hält er ihm die Hand hin*) Weißt du, Mensch, wenn's mehr so gäbe wie du, dann brauchten wir keine Zuchthäuser mehr.

HOPRECHT Na, das is wohl 'n bißchen übertrieben. (*Haut ihm auf die Schulter*) Ick meine nur: was gewesen is, is gewesen. Jetzt stell' dir mal auf die Hinterbeine und halt' den Kopf oben.

VOIGT Das mach' ick, Friedrich, verlass' dir drauf. Siehst du, ick hätt's nun nich mehr geschafft alleine. Vor zehn Jahren, ja, da wollt' ick noch 'raus, und 'rüber über die Berge, und so – aber jetzt – da wirst du todmüde von – weißt du.

HOPRECHT Ich sag' ja, das wird schon werden.

VOIGT Wenn's nochmal los ginge – so 'runter – dann wär's näm- lich aus. Dann gäb's ein Malheur.

HOPRECHT Schwamm drüber,* und Augen gradeaus! Die Beine gehn schon von selbst!

VOIGT Ick werd's schon schaffen, Friedrich!

FRAU HOPRECHT (*kommt herein*) 'n Tag, Friedrich, da bist du ja. Sie war nämlich ganz naß geschwitzt, da mußt' ick se umbetten. Na, nun habt ihr euch schon 'n bißchen kennengelert. Das war doch recht, nich wahr, daß ick ihn nich habe weggehn lassen, er wollte nämlich wieder weg, da hab' ick gesagt: erst mußt du ihn kennenlernen, er beißt ja nich.

HOPRECHT Marie, weißt du was? Ich hab' da mit deinem Bruder abgesprochen, der soll nun zunächst mal hierbleiben. Bis er was hat. Er kann dir ja ein bißchen zur Hand gehn, im Geschäft.

FRAU HOPRECHT (*nicht allzu eifrig*) Ja, sicher, wenn du meinst, Friedrich – ja, soll er auch hier schlafen, meinst du?

HOPRECHT Natürlich! Da haben wir ja das schöne Sofa, auf dem nie einer sitzt. Is dir doch recht, Willem, was?

VOIGT Und ob!* Da hängt auch die Uhr drüber, die haben wir zu Hause im Flur hängen gehabt, nich wahr, Mariechen? – Das heißt, wenn's Marie recht is . . .

FRAU HOPRECHT Da müßt' ich nun Bettwäsche 'rausgeben.

HOPRECHT Na, gib sie nur 'raus! Du hast ja 'nen ganzen Spind voll.

FRAU HOPRECHT Gewiß doch, ick meine ja nur, ick muß se 'rausgeben. (*Geht, – in der Tür*) Ick geh' mal ums Abendbrot. (*Ab*)

HOPRECHT (*lacht*) So is se nun. 'ne Seele von Mensch, nur ein bißchen umständlich. Da schau' mal her, Willem. Will dir mal was zeigen (*führt ihn zum Schrank*). Ich werde nämlich, wenn's klappt, diesmal zum Vizefeldwebel befördert. Is ja meine zweite freiwillige Landwehrübung. Das weiß sie aber nich, da will ich se überraschen mit, da is se nämlich wie 'n Kind, in so Sachen. Siehst du, da hab' ick mir schon meinen Portepeesäbel gekauft, den darf man sich selbst stellen, – da guck' – (*er öffnet die Papierhülle ein wenig, daß man den Säbelgriff sieht, schaut dabei ängstlich zur Tür*) – damit komm' ich dann heim, und mit den Knöpfen und Kokarden. (*Schmunzelnd*) Du hältst aber dicht, Willem, nich? Das darf se nich ahnen.

VOIGT Selbstverständlich. – Wenn's dann mal losgeht,* dann kannst du als Offizierstellvertreter einrücken und kannst auch Feldwebelleutnant werden.

HOPRECHT Nanu, du kennst dich ja mächtig aus in der Rangordnung.

VOIGT Ick hab' mir immer interessiert dafür, ick bin ja selbst nie dazu gekommen.

HOPRECHT Schade drum. Das is doch das Beste im Leben. (*Tut den Säbel weg*) So, jetzt wollen wir mal rasch 'nen Begrüßungsschluck nehmen, was? Wir zwei Männer unter uns. Ich hab' da so 'ne Flasche, die haben se mir im Büro zu Neujahr spendiert. Is 'n echter alter Korn. (*Er holt während des Folgenden aus dem Büfett eine Flasche, die noch dreiviertelvoll ist, füllt zwei kleine Gläschen*)

VOIGT Hör' mal, Friedrich, da hätt' ick 'ne Frage, mit dem Büro, weißt du, du bist doch da auf dem Magistrat, wo alles durchgeht, es is nur wegen meiner Aufenthaltserlaubnis, und damit sie mir nich wieder ausweisen, oder den Paß verweigern, so war das nämlich immer – und dann gibt's auch keine Arbeit, ohne die Anmeldung – ick meine, ob du da vielleicht was machen könntest, wenn die Papiere kommen.

HOPRECHT Das geht alles seinen Gang,* Willem. Machen kannst du da gar nichts. So wollen wir jetzt auch gar nich anfangen, was? Da mußt du den richtigen Weg einschlagen, dann klappt das auch. Hinten 'rum,* das wär' ein Delikt! Und was dir zusteht, das kriegst du, dafür sind wir in Preußen. Also prost, Willem, aufs neue Leben! Da mach' dir nur keine Sorgen. Das geht alles seinen Gang!

VOIGT Na, prosit! (*Sie stoßen an*)

*Dunkel*

## ZEHNTE SZENE

*Personen:* BÜRGERMEISTER OBERMÜLLER, FRAU OBERMÜLLER, HELLMUT UND IRENE, IHRE KINDER, FANNY, DAS DIENSTMÄDCHEN, ZUSCHNEIDER WABSCHKE

*Das eheliche Schlafzimmer des Bürgermeisters Obermüller in Köpenick. Breites Ehebett aus prätentiösem Edelholz, Nachttische, Vorhänge, Lampen, Kleiderschränke. Über dem Bett des Mannes hängt die Madonna della Sedia,* über dem der Frau der Adam von Michelangelo. Eine Uhr tickt an der Wand, ein Wecker auf dem Nachttisch, beide zeigen drei Uhr fünfzehn Minuten. Ein Telefonapparat auf dem Nachttisch der Dame. Frau Obermüller, junonische Erscheinung, sitzt auf dem Bett, in Nachthemd und gestickter Nachtjacke, unter der ein Mieder den Busen trägt. Ihr Haar, der Frisurunterlagen und sonstigen Beiwerks beraubt, ist mit Haarnadeln und Spangen auf dem Kopf hochgesteckt. Sie hat den Telefonhörer am Ohr und trommelt in höchster Erregung auf den Apparat. Dazu schreit sie:*

FRAU OBERMÜLLER Potsdam! Potsdamm!! Potsdam 324, Wormser!!

OBERMÜLLER (*halb eingeseift, halb rasiert, im offenen Bademantel, darunter komplette wollene Unterkleidung, Sockenhalter, militärische Zugstiefel mit Sporen, stürzt aus dem Badezimmer*) Hast du's, Mathilde? Wo bleibt denn Fanny!!

FRAU OBERMÜLLER Herrgott, ich kann doch nicht zaubern (*drückt auf eine Klingel, die schrill ertönt*): Potsdam, Potsdam 324, – geh' doch rasieren, du wirst ja noch nich mal mit'm Rasieren fertig!

OBERMÜLLER Fertig, fertig, fertig, wie soll ich denn fertig werden, wenn überhaupt alles versagt, wo bleibt denn Fanny?

FRAU OBERMÜLLER (*schellt wütend*) Die Gans liegt wieder auf'm Ohr. Da meldet sich niemand –

OBERMÜLLER Wenn mich der Wormser im Stich läßt, dann *muß* es eben mit der alten gehen, ich kann doch nicht in Unterhosen zum Kaisermanöver, ich muß doch um Punkt vier –

FANNY (*das Dienstmädchen, verschlafen, im Nachtzeug*) Was soll's denn?

BEIDE Die Uniform!!

FANNY Die is noch nich gekommen!

OBERMÜLLER Die alte, zum Donnerwetter! Die alte!!

FANNY (*tranig*) Die alte?

FRAU OBERMÜLLER Natürlich, machen Se doch, sie hängt unten im Vorplatz.

FANNY Die soll doch weg.

OBERMÜLLER (*schreiend*) Holen Sie sie her!!

FANNY Ick hol' se doch. (*Ab*)

FRAU OBERMÜLLER Potsdam!! Potsdam 324! Jetzt steh' nich hier 'rum, wasch' dir die Seife ab. – Jawohl, Potsdam, endlich, hier ist Bürgermeister Obermüller, Köpenick – Bürgermeister Obermüller, Kö – pe – nick – nein, nein – nicht Spandau,* wie kommen Se denn auf Spandau – Köpenick!!

OBERMÜLLER (*entreißt ihr den Hörer*) Ist dort Wormser, Uniformschneider Wormser in Potsdam – Sie haben mir für spätestens Mitternacht die neue Uniform versprochen, spätestens Mitternacht haben Sie gesagt, jetzt ist es halb vier, Sie wissen doch, daß ich um vier beim Regimentsstab sein muß, ich kann doch nicht nackt hinlaufen, wie können Sie mich nur so im Stich lassen, ich – wie?! Is garnich Wormser? Ja, wer is denn – wie, was, meldet sich nicht, wieso meldet sich nicht? Mitten in der Nacht? Es is ja schon hell draußen. Unerhört so was – (*läßt den Hörer sinken*) Meldet sich nicht. Wormser meldet sich nicht.

FRAU OBERMÜLLER Das hätt' ich dir gleich sagen können. Mitten in der Nacht –

OBERMÜLLER Es is ja schon hell draußen. Ich muß doch um vier Uhr –

FANNY (*mit der alten Uniform*) Da is se. Ick dachte, die soll weg.

FRAU OBERMÜLLER Denken Sie nicht, helfen Sie mal meinem Mann, rasch, rasch!

OBERMÜLLER Die Hosen gehn auf alle Fälle noch, ich kann sie einfach mit Sicherheitsnadeln feststecken – (*ist in die Hosen gefahren*) – aber der Rock! der Rock!! (*Versucht ihn anzuziehen*)

FRAU OBERMÜLLER (*mit Fanny helfend, ziehend*) Du bist viel zu dick geworden, du bist viel zu dick, ich sag's ja schon lange!

OBERMÜLLER Unsinn! Der Stoff ist eingegangen, ich war vor fünf Jahren genau wie heute. Herrgott, ich kann's mir doch jetzt nicht 'runterschneiden! Es geht nicht – (*zieht stöhnend an der Uniform, sie geht nicht zu*)

FRAU OBERMÜLLER An so was denkt man eben früher! Da sind ja die Kinder draußen, was tut denn ihr hier, wie kommt ihr denn dazu, aufzustehn!!

HELLMUT UND IRENE (*halbwüchsig, in langen Nachthemden, schauen herein*)

IRENE Wie soll denn ein Mensch schlafen bei dem Radau.

HELLMUT Ich dachte, ich kann mal mit dem Fahrrad rasch zum Uniformschneider sausen.

OBERMÜLLER (*auf die Kinder los*) Unfug! Wollt ihr sofort ins Bett!

HELLMUT (*beleidigt*) Na, ich kann's ja lassen. (*Ab mit Irene*)

OBERMÜLLER (*in dumpfer Verzweiflung*) Ich muß sofort beim Regimentsadjutanten anrufen – plötzliche Herzattacke – nein, Fieber – Bronchialkatarrh – oder doch Herz – Herz ist besser –

FRAU OBERMÜLLER Fanny, gehn Se 'raus! (*Fanny murrend ab*) Du rufst nicht an! Du nimmst dich zusammen, das fehlt noch, daß du jetzt einfach schlapp machst, – wenn's um die Wurst geht! – (*Versucht ihm mit Gewalt die Uniform zu schließen*)

OBERMÜLLER Au, au!!

FRAU OBERMÜLLER Was denn au, ich tu dir doch nicht weh, halt doch mal still – da – (*sie behält einen Fetzen Stoff mit dem Knopf in der Hand*)

OBERMÜLLER (*aufs Bett sinkend*) Jetzt is alles aus –

FRAU OBERMÜLLER (*wie rasend ans Telefon*) Potsdam!! Potsdam 324!!!

OBERMÜLLER (*tragisch*) Das hat keinen Zweck mehr. Wenn sie jetzt noch nicht – Wozu hab' ich mich überhaupt gemeldet.

FRAU OBERMÜLLER Potsdam 324!!

OBERMÜLLER Ich müßte ja gar nicht mehr. Nur du hast es gewollt.

FRAU OBERMÜLLER Ich *muß* aber Verbindung kriegen!! 324!!

OBERMÜLLER Aus Renommiersucht. Aus purer weiblicher Eitelkeit. Der Freundinnen wegen.

FRAU OBERMÜLLER So, jetzt bin *ich* wieder dran schuld.

OBERMÜLLER Im Amt bleibt so viel Wichtiges liegen –
(*Die Hausglocke schrillt. Frau Obermüller fährt hoch*)

FRAU OBERMÜLLER Es hat geschellt!!

OBERMÜLLER (*völlig verstört*) Geschellt – wieso geschellt – es hat doch geschellt!!!

FRAU OBERMÜLLER (*springt auf, arrangiert sich*) Wormser!

OBERMÜLLER Es hat doch geschellt –

DIE KINDER (*stürmen herein, hinter ihnen Wabschke, einen neuen Uniformrock überm Arm*)

IRENE Vater! Da is se, wir haben se!!

HELLMUT Nun aber rasch Vater, mit dem Auto schaffst du's noch!!

WABSCHKE Ich hab' die Taxe gleich halten lassen, der Zähler steht schon auf siebzehn fünfzig. Von Potsdam hierher is'n ordentliches Ende. Guten Morgen die Herrschaften, wünsche wohl geruht zu haben.

OBERMÜLLER (*ist aufgesprungen, völlig verwandelt*) Na, Kinder, wozu die Aufregung, ich hab' ja gewußt, daß es noch klappt, Wormser wird mich doch nicht im Stich lassen, nich wahr? Geben Se mal her.

FRAU OBERMÜLLER (*auf Wabschke losfahrend*) Na hör' mal! Nicht im Stich! Is ja unerhört, die Uniform war für spätestens Mitternacht versprochen, jetzt kommt se in letzter Minute!

WABSCHKE Gnädige Frau, die letzte Minute is immer die beste Minute. Was hätte Ihr Herr Gemahl um Mitternacht in Uniform sollen machen, da hat er doch gescheiter im Bette gelegen.

FRAU OBERMÜLLER Glauben Sie vielleicht, wir hätten heute nacht ein Auge zugetan?

WABSCHKE Das is schade. Im Manöver wird der Herr Bürgermeister womöglich auch nicht zu der nötigen Bettruhe kommen. Da heißt es (*singt*):
   'Steh' ick in finstrer Mitternacht
   ganz einsam auf der stillen Wacht –' *

DIE KINDER (*fallen ein*)

OBERMÜLLER Ruhe!! Meinen Säbel her! (*Er hat die Uniform angezogen, Wabschke zieht sie noch ein wenig zurecht*)

WABSCHKE Na, was sagen Se jetzt, Herr Bürgermeister. Sitzt se oder sitzt se nich?

OBERMÜLLER (*schnallt unter, setzt die Mütze auf*) Fanny, den Handkoffer und die Mäntel! Nein, gleich ins Auto!

FANNY (*erscheint in der Tür*) Nun sieht der Herr Bürgermeister aber ganz echt aus. Wie 'n Offizier.

OBERMÜLLER (*in bester Laune*) Na soll ich vielleicht wie 'n Briefträger aussehn? Na, Thildchen, wie is?

FRAU OBERMÜLLER In Ordnung! So kannst du dich sehen lassen.

IRENE Einfach süß, Papa.

HELLMUT Is der Säbel auch scharf? Hast du keinen Offiziersrevolver?

OBERMÜLLER Kommt, Kinder, ihr könnt mich zum Auto begleiten. Adieu, Thildchen, auf Wiedersehen.

FRAU OBERMÜLLER (*küßt ihn*) Und du rufst an, sobald du 'nen freien Abend hast, dann gehn wir aus, ich bringe Junghansens mit, nich wahr?

OBERMÜLLER Selbstverständlich, Thildchen. Macht's gut, Kinder. Hab' ich meine Uhr? Ja – Herrgott, Geld muß ich einstecken.

WABSCHKE Das wär' kein Fehler.

OBERMÜLLER Also adieu, fahren Sie mit, Wabschke?

WABSCHKE Nee, ick nehme die Stadtbahn. Viel Vergnügen, Herr Bürgermeister. Heil und Sieg! Hipp, hipp, hurra!

OBERMÜLLER (*mit den Kindern ab*)

WABSCHKE Ick kann Ihnen sagen, gnädige Frau, das war 'n Stück Arbeit. Um sechse haben wir angefangen, und dann die ganze Nacht in einer Schicht, ohne Abendbrot. Aber was tut man nich alles fürs Vaterland, nich?

FRAU OBERMÜLLER Hier, nehmen Sie die alte Uniform gleich mit, sagen Sie Herrn Wormser 'nen schönen Gruß, er soll sie als Anzahlung übernehmen und auf der Rechnung abziehen.

WABSCHKE (*betrachtet die Uniform*) Die macht auch keinen Belag mehr aufs Butterbrot.* Der Herr Bürgermeister hat se damals schon gebraucht übernommen.

FRAU OBERMÜLLER Ach wo! Mein Mann trägt nichts Gebrauchtes. Er is nur zu dick geworden, sonst wär' sie noch tadellos.

WABSCHKE Na, für 'n Maskenball wird se vielleicht noch gehn.

*Dunkel*

## ELFTE SZENE

*Personen:* EIN POLIZIST, EIN LEUTNANT MIT
ADJUTANTENSCHÄRPE, WARTENDE, WILHELM VOIGT

*Ein Gang im Rixdorfer Polizeirevier. Nackte Wand, Bank, Tür. An
der Tür die Aufschrift: 'Zimmer 9. Einwohnermeldeamt Rixdorf.'
Etwa zehn Wartende beiderlei Geschlechts sitzen auf der Bank.
Einige trommeln mit den Fingern oder räuspern sich nervös. Ein
kleinerer älterer Mann liest den 'Vorwärts'.\* Die meisten schauen vor
sich hin, schweigen. – Die Tür geht auf. Alle sehen hin, der Nächst-
sitzende steht auf.*

DER POLIZIST (*kommt von drinnen, läßt eine Frau heraus*)

DIE FRAU (*weinerlich nach rückwärts sprechend*) Nein, das hab' ick
nich gewußt, daß ich 'nen Besuch anmelden muß, nein, das
konnt' ick nich wissen, da kann ick nichts dafür.\*
        (*Sie geht, mit dem Taschentuch vor der Nase*)

DER NÄCHSTE (*will eintreten*)

POLIZIST (*vertritt ihm die Tür*) Setzen Se sich hin.

DER MANN Wieso denn, ich bin doch dran.\*

DER POLIZIST (*ohne zu antworten, ruft in den Gang*) Herr Schietrum! Zum Chef.

DER MANN Ich bin aber doch dran –

POLIZIST Herr Schietrum!

EIN BEAMTER (*kommt mit einem Aktenbündel*)

POLIZIST Zum Chef, Herr Schietrum.
        (*Er gibt die Tür frei*)

DER BEAMTE (*geht hinein*)

POLIZIST (*schließt die Tür hinter ihm, stellt sich davor*)

DER MANN Ich war doch dran.

POLIZIST Sie sollen sich hinsetzen.

DER MANN (*setzt sich*) Wenn man nun endlich drankommt –

POLIZIST Sie kommen dran, wenn Se dran sind.

ANDRER MANN (*der den 'Vorwärts' liest, mit sehr dünner Stimme*)
Erlauben Se mal, das is doch ein bißchen stark. Is so 'n Amt für
die Menschen da – oder die Menschen fürs Amt?!

DER ERSTE Na ja, Sie kennen doch den schönen Spruch:
'Die meiste Zeit des Lebens
wartet der Soldat vergebens.'
(*Einige lachen*)

DER 'VORWÄRTS' – LESER Wir sind aber hier keine Soldaten, wir
sind hier Staatsbürger, bitte recht sehr! Wir haben auch noch
was anderes zu tun, als hier die Wand zu verzieren, verstehn
Se?

POLIZIST Wenn Sie Zeit haben fürn 'Vorwärts' zu lesen, dann
haben Se auch Zeit zum Warten.

DER LESER Hören Se, das geht Sie überhaupt nichts an. Auf den
Vorwärts, da bin ick abonniert, jawohl bin ick, den les' ick alle
Tage, wenn Se's wissen wollen, und deshalb verlange ich hier
trotzdem meine staatsbürgerliche Pflicht – Recht wollt' ick
sagen.

POLIZIST Stören Se hier nich, Sie sind ja noch gar nich an der
Reihe.

DER LESER Nee, das geht nämlich wirklich 'n bißchen zu weit.
Jetzt is einer von 'nem andern Büro da 'reingegangen, jetzt
erzählen se sich da drin Witze.

POLIZIST (*geht auf ihn zu*) Was tun die da drin?

DER LESER Das weiß ich doch nich, was die da drin machen. Ick
will nun endlich drankommen, will ick. (*Guckt in die Zeitung*)

POLIZIST Hier kommt jeder dran, wenn er dran is.
(*Geht wieder zur Tür*)

WILHELM VOIGT (*kommt von der Seite. Sehr eilig und erregt*) Verzeihn Se, is hier Zimmer neun?

POLIZIST Können Se nich lesen? Setzen Se sich hin.

VOIGT Nee, pardon, Herr Wachtmeister, ick möchte nun erst wissen, ob ick hier auch richtig bin, er hat gesagt, probieren Se's mal in Zimmer neun, aber wenn es nun wieder nich stimmt – wenn das nun wieder nich zuständig is –

POLIZIST Na, setzen Se sich hin.

VOIGT Wenn ick nun nich mehr 'rankomme – oder wenn das Zimmer neun auch wieder falsch is – dann is ja zu spät!

POLIZIST Reden Se nich, setzen Se sich hin.

VOIGT Ick bin doch da in 'nem anständigen Haus, da brauchen Se mir doch nich ausweisen, das müßt' ick nur einem sagen – der zuständig is –

POLIZIST Setzen Se sich hin.

VOIGT (*setzt sich*)

HERR SCHIETRUM (*kommt heraus, geht nägelkauend weiter*)

POLIZIST So. Der nächste.
    (*Macht auf, geht mit dem nächsten hinein. Bewegung unter den Wartenden*)

DER 'VORWÄRTS'-LESER (*mit asthmatischem Pfeifen*) Das is 'n Radfahrer, das is 'n richtiger Radfahrer, der! Nach unten tritt er – nach oben macht er 'nen Buckel.*

EINE FRAU Die haben ja Zeit.

DER LESER Ick sage, das is unsere Zeit, was die vertrödeln, und unser Geld is, was se verfressen! Mir machen se arm mit ihren ungebührlichen Schikanen. Ick heiße Klawonn und bin Budiker, und damit hab' ick mir ehrlich hochgearbeitet, und nun machen se mir die Geschichten wegen der Konzession, warum? Das weiß man schon. Aber ick sage: denken kann ick, was ick will, deshalb verlange ick trotzdem meine staatsbürgerliche Pflicht – Recht wollt' ick sagen – (*Verschluckt sich, hustet*)

POLIZIST (*kommt heraus*) Ruhe hier! Das stört ja drinnen!! (*Er reißt plötzlich die Knochen zusammen* und schaut mit starrem Blick den Gang aufwärts*)

EIN LEUTNANT MIT ADJUTANTENSCHÄRPE (*kommt raschen Schrittes*) Zimmer neun?

POLIZIST (*stramm*) Jawohl, Herr Leutnant!

LEUTNANT Machen Se mal den Laden zu, der Ort kriegt Einquartierung.

(*Geht ins Zimmer, der Polizist folgt dienstbeflissen, schließt die Tür*)

DER LESER Na, jetzt können wir einpacken. Nun is aus. Fürs Militär, da haben se nämlich Zeit, da hat ein Staatsbürger keine Existenz dagegen. Wenn da so 'n flotter Leutnant kommt – äh äh –

EIN DICKER MANN (*der bisher immer gradeaus gesehen hat, springt auf*) Was, Sie, der Se nich mal die nötige Brustweite haben, wollen hier was gegen das preußische Militär sagen? Sie pfeifen ja aus dem letzten Loch,* Sie alter Piepfritze Sie!

DER LESER Will ick ja gar nich! Ick will nur meine staatsbürgerliche –

DER POLIZIST (*öffnet die Tür. Alle verstummen, schauen hin. Der Polizist hängt schweigend ein Schild an die Tür: 'Heute geschlossen.' Mißt die Wartenden mit bedeutungsvollem Blick, Kopfbewegung nach dem Ausgang*)

VOIGT (*im Aufschrei*) Ick muß aber 'rein! Ick muß – sonst is ja zu spät!!

POLIZIST (*ins Zimmer zurück, schließt hart die Tür hinter sich*)

VOIGT (*sinkt auf die Bank*)

DER LESER (*während die andern gehen*) Das geben Se mal auf. Heut kommen Se da nich mehr 'rein. Dann können Se gleich durchsitzen bis morgen früh. (*Er geht*)

VOIGT (*bleibt allein. Sitzt mit gebeugtem Rücken, wie erschlagen,* unbeweglich. Nach kurzer Zeit hört man von drinnen, anschwellend*)

DIE STIMME DES OFFIZIERS . . . kann ich keine Rücksicht nehmen! Befehl is Befehl, darnach haben Se sich zu richten!! (*Die Stimme schwillt wieder ab*)

VOIGT (*hebt den Kopf, lauscht-, dann steht er auf, geht auf die Zehenspitzen an die Tür-, schaut durchs Schlüsselloch*)

*Dunkel*

## ZWÖLFTE SZENE

*Personen:* DAS KRANKE MÄDCHEN, WILHELM VOIGT

*Kammer mit Bett, Fenster zum Hof, Tür zum Gang. Auf einem Stuhl neben dem Bett sitzt Voigt. Das Bett ist so gestellt, daß man die darin liegende Gestalt kaum sehen kann, – nur ihre Hand, die Voigt in der seinen hält. Überm Bett an der Wand aus Zeitschriften ausgeschnittene Farbdrucke, mit Reißnägeln befestigt. Vom Hof herauf hört man eine Männer- und eine Frauenstimme zweistimmig ein larmoyantes Lied vortragen. Mandolinenbegleitung.*

DAS MÄDCHEN Onkel Willem, ich hör' doch was, was is denn das?

VOIGT Das sind die Hofsänger. Auch Hofraben genannt. Die singen bei Hof, weißt du, und dann wirft der Kaiser 'nen Groschen 'runter, damit se wieder aufhören.

DAS MÄDCHEN Du, ick hab' auch 'nen Groschen, er liegt auf meinem Waschtisch unter der Zahnpulverschachtel. Wirf ihn 'runter!

VOIGT Wenn's dir Spaß macht –

DAS MÄDCHEN Wirf ihn 'runter!

VOIGT (*holt den Groschen, geht zum Fenster, öffnet. Man hört die Stimmen der Hofsänger deutlicher*):
> 'Drum sag' ich's noch einmal:
> schön ist die Jugendzeit
> schön ist die Juu-uugend,
> sie kommt nicht mehr!'

VOIGT Da is 'ne alte Zeitung, da werd' ick's 'reinwickeln. So – (*Er wirft*)

DAS MÄDCHEN (*sich aufrichtend*) Haben se's? Haben se's gefangen?!

VOIGT Bumms! Grade auf den Hartmann! Na, das gibt ja kein Loch im Kopf.

DAS MÄDCHEN (*lacht, hustet*)

VOIGT (*fährt herum*) Willst du dir zudecken, willst du dir niederlegen, du kleine Krotte, nachher wirst du nich gesund. (*Ist hingelaufen, deckt sie zu*)
    (*Von unten hört man die Stimme des Hofsängers, der eine Ansprache hält*)

VOIGT (*rasch zum Fenster, schließt es*)

DAS MÄDCHEN Warum machst du denn zu, da kann man ja nichts hören.

VOIGT Jetzt singt er ja gar nich, jetzt klönt er nur. Das kann ich dir hier oben auch sagen, (*stellt sich in Positur\**): 'Hochverehrte Damen und Herrn – wir, die wir auf Gesanges Flügeln durch die Lande ziehn – wir sind den Vögeln des Himmels zu vergleichen, von denen schon in der Bibel steht: sie säen nich, sie ernten nich, aber 'ne trockene Schrippe ernähret sie doch. Darum, verehrtes Publikum, werft uns 'ne milde Gabe 'runter, und wenn's ein Sechser is, das verzinst sich im Himmel, da haben Se dann mal 'ne Million droben zu liegen, wenn Se recht lang leben und bei uns hier drunten tüchtig einzahlen!'

DAS MÄDCHEN Schön machst du das. Als ob du mal dabei gewesen wärst.

VOIGT Na, vielleicht könnt' ick's noch werden.

DAS MÄDCHEN Sag' mal, Onkel Willem, bist du viel 'rumgekommen in der Welt?

VOIGT Ja doch, mächtig! Die seßhafte Lebeweise, die hat mir nie recht zugesagt. Ick war in allen fünf Weltteilen, weißt du – und einmal, da bin ick übers böhmische Riesengebirge gewandert. Das is groß.

DAS MÄDCHEN Herr Hoprecht war mal auf See, als Junge. Da haben se auch 'nen Sturm gehabt, und 'nen richtigen Neger. Aber da kann er gar nich erzählen von. Du erzählst viel besser.

VOIGT Ick hab' mir's eben schön ausgemalt, im Kopf, weißt du. Du, aber ins Riesengebirge, da mußt du auch mal rauf. Wenn du jetzt gesund wirst, da mußt du dir doch erholen, da zahlt dir vielleicht die Kasse* was zu, und dann gehst du 'rauf, in die. Berge.

DAS MÄDCHEN Ick war mal in den Müggelbergen.* Da war ick aber noch klein. Das war so 'n Ausflug mit dem Waisenhaus. Ick kann mir gar nich besinnen.

VOIGT Die Müggelberge, das sind ja Maulwurfshaufen, da hüpft ja ein Floh 'rüber, wenn er ein bißchen aufgeregt is. Nee, Kind, was so 'ne wirklichen hohen Berge sind, das kannst du dir gar nich ausdenken. So mächtig hoch is das, da bist du ganz nah bei den Wolken, höher als die Wolken, und manchmal, da bist du wahrhaftig über den Wolken, höher als die Wolken, denk' mal! Da hast du droben den schönsten Sonnenschein – und drunten regnet's!

DAS MÄDCHEN Is über den Wolken, is da immer Sonne?

VOIGT Freilich! Die Sonne, die is doch den ganzen Tag da, nich? Und die Wolken, die schwappen nur so um die Erdkugel 'rum. Wenn du mal drüber warst, dann weißt du das. Die haben mit dem Himmel gar nichts zu tun, die sind nur so 'n Dunst von unten, aus dem Wasser.

DAS MÄDCHEN Is da nich kalt droben?

VOIGT Kalt? So nah bei der Sonne? Nee, Kind, da kannst du, wenn die Sonne richtig hoch is, mitten im Winter im Schnee in Hemdsärmeln 'rumlaufen, kannst du da, da merkst du gar nich, daß Frost is! Du, und was da alles wächst! Hier unten, was is da schon – ein paar krüppelige Kiefern, ein bißchen Heidekraut und mal ein Wacholderbusch. Das einzige is noch unser Obst in Werder.* Aber da droben, da schmeckt schon die Luft, ick sage dir, wie in so 'nem Obstgeschäft. Und Blumen gibt es da, nich beim Gärtner, nee, auf jeder gewöhnlichen Kuhweide, so was kennst du nur aus dem Bilderbuch, so was hast du noch nie gesehen.

DAS MÄDCHEN Wieso kommt denn das, Onkel Willem, daß es da droben so schön is, und hier is es doch gar nich besonders.

VOIGT Das will ick dir sagen, das hab' ick mir so ausgedacht. Die Erde, die is lebendig, das merkst du daran, daß se sich verändert. Und was lebendig is, das will 'rauf, das will in die Höhe, das will nach oben, kiek mal so 'n Grashalm oder 'ne Setzkartoffel, oder 'n Kind, nich wahr? – Und deshalb is das so mit der Erdkruste: das Wasser, das is schwer, das läuft ab, das fällt in die Meere. Aber die richtige bessere Erde, die wächst in die Höhe, die türmt sich 'rauf, weißt du? Hier unten, da sind wir näher beim Meer, deshalb is hier mehr Sand, oder Dreck, nich? Da droben, da is zum Beispiel 'Rosenquarz' oder 'Bergkristall'. Da is eben viel schöner.

DAS MÄDCHEN Onkel Willem – da gehn wir hin zusammen! –

VOIGT Ja, Kind, das machen wir.

DAS MÄDCHEN Da nimmst du mir mit, nich? Wenn du wieder 'rauf machst.

VOIGT Gewiß doch, das möcht' ick schon gerne.

DAS MÄDCHEN Hörst du! Jetzt singen se wieder – Das Puppchen is es, das is schön!
   (*Man hört durch die geschlossenen Scheiben sehr fern die Hofsänger den Schlager 'Puppchen, du bist mein Augenstern'* \* *in raschem Tempo singen*)

VOIGT Ja, das is das Puppchen.

DAS MÄDCHEN Du, ich glaube, da kommen wir nich mehr hin.

VOIGT Was meinst du?

DAS MÄDCHEN Ins Riesengebirge. Da kommen wir nich mehr hin, wir zweie.

VOIGT Na wart' mal ab, Kind. Das können wir nich wissen.
   (*Er streichelt sie*)

DAS MÄDCHEN Du gehst nicht fort, bitte –

VOIGT Nee, wo werd' ick denn.\* Ick muß doch auf die Wohnung passen. Vater Hoprecht is ja ins Manöver, und Marie is im' Geschäft, da könnt' ick ja gar nich weg, nich wahr?

DAS MÄDCHEN Willst du mir nich was vorlesen, bittschön?

VOIGT Gern. Hast ein Buch, oder 'nen Kalender?

DAS MÄDCHEN (*kramt zwischen Bettgestell und Matratze ein Buch hervor*) Da bin ich eigentlich schon zu alt für. Aber das les' ich so gerne, das kann ick immer wieder hören. Frau Hoprecht lacht mir aus, wenn se's findet. Du bist doch kein Kind mehr, sagt se. Da hab' ick 'n Kritzer mit dem Fingernagel gemacht, wo ick zuletzt gestanden habe. In der 'Geschichte von den Bremer Stadtmusikanten'.

VOIGT Zeig' mal – Grimms Märchen. (*Setzt seine Brille auf*)

DAS MÄDCHEN Da bin ick eigentlich schon zu alt für.

VOIGT Das macht nichts. Ick les' das auch sehr gerne, und ick bin ja nun ziemlich ausgewachsen, nich?
(*Es schellt*)

DAS MÄDCHEN (*fährt hoch*) Nich weggehn!! Bitte!!

VOIGT Na, Kind, ick muß doch, wenn es schellt. Es könnt' ja was sein.

DAS MÄDCHEN Vielleicht hat sich einer in der Etage geirrt. Es kommt doch jetzt keiner.

VOIGT Ick bin ja gleich wieder da, Kind.

DAS MÄDCHEN (*klammert sich an ihn*) Es is ja gar nichts. Der is schon wieder weg!
(*Es schellt wieder*)

VOIGT Siehst du? Ick muß mal sehn, ick mach' ganz rasch.

DAS MÄDCHEN Aber du läßt die Tür offen, nich? Und machst das Licht an – bitte! Es wird ja schon duster draußen – und dann wird das Fenster so blank, so weiß – wie'n Auge –

VOIGT (*zündet rasch die Gaslampe an und zieht den Vorhang vors Fenster. Es schellt heftig*) So. Is gut so? Nun muß ick mal gucken.

DAS MÄDCHEN Aber die Tür offen lassen, bitte!!

VOIGT Gewiß doch. Da kannst du mir hören, bis an die Flurtür.
(*Geht, läßt die Tür offen*)

VOIGTS STIMME Wer is denn da?

FREMDE STIMME (*draußen*) Wohnt hier der polizeibeaufsichtigte Schuster Wilhelm Voigt?

VOIGT Ja. Warten Se, ick mach' auf. Ick bin es selber.

FREMDE STIMME Unterschreiben Se mal. Ich hab' 'ne Zustellung vom Revier.

(*Es bleibt einen Augenblick still. Die Hofmusik hört auf*)

VOIGT (*kommt zurück. Er hält ein großes Kuvert mit Amtssiegel noch uneröffnet in der Hand*)

DAS MÄDCHEN (*ganz ruhig*) Hast 'nen Brief gekriegt, Onkel Willem?

VOIGT Nee – das is nur 'ne Schreiberei. (*Er steckt das Kuvert ein*)

DAS MÄDCHEN Willst du nich lesen?

VOIGT Das eilt nich. Das is langweilig. Ick les' dir lieber vor. (*Setzt sich, nimmt das Buch*) Also da weiter, wo du gestanden bist. 'Wie kann man da lustig sein, wenn's einem an den Kragen geht,* antwortete die Katze. Weil ich nun zu Jahren komme,* meine Zähne stumpf werden und ich lieber hinter dem Ofen sitze und spinne, als den ganzen Tag nach Mäusen herumzujagen, wollen sie mich ersäufen! Ich hab' mich zwar noch fortgemacht, aber nun ist guter Rat teuer.* Wo soll ich denn hin? – Komm' mit uns, sagte der Hahn – etwas Besseres als den Tod werden wir überall finden –' (*Er stockt, schaut das Mädchen an*) Na, Kind? Was is denn? – Schläfst du? (*Er beugt sich über sie, sie atmet tief*)

VOIGT (*legt das Buch auf seine Knie, – holt mit rascher Bewegung das Kuvert aus seiner Tasche, zögert einen Moment, dann bricht er es auf, liest. Gleichmäßig mit halblauter Stimme*) 'Ausweisung aus den Bezirken Rixdorf, Reinickendorf, Neukölln, Groß-Lichterfelde – Sie haben sich – binnen achtundvierzig Stunden – (*liest stumm weiter, dann wieder halblaut*) – im Nichteinhaltungsfalle* erfolgt Abfuhr per Schub,* im Wiederbetretungsfalle* Freiheitsstrafe bis zu – (*Verstummt*)

DAS MÄDCHEN (*nach einer Pause, plötzlich*) Onkel Willem, du liest ja gar nich.

VOIGT (*nimmt das Buch auf*) 'Komm' mit, sagte der Hahn – etwas Besseres als den Tod werden wir überall finden.'

*Dunkel*

## DREIZEHNTE SZENE

*Personen:* FRIEDRICH HOPRECHT, MARIE HOPRECHT, WILHELM VOIGT

*Hoprechts Wohnstube in Rixdorf. Nachmittag. Die Uhr schlägt vier.*

FRAU HOPRECHT (*allein, am gedeckten Kaffeetisch. Sie stülpt einen Kaffeewärmer über die Kanne. Von draußen hört man das Geräusch des Korridorschlüssels, dann klappt die Tür*)

FRAU HOPRECHT Da is er – (*Nimmt den Kaffeewärmer wieder herunter, macht einen Schritt zur Tür*)

HOPRECHT (*tritt ein, in Uniform, als Unteroffizier, ohne Feldwebelabzeichen. In der einen Hand trägt er einen kleinen Handkoffer, in der andern den Säbel, wie vorher in Packpapier eingeschlagen*) Tag, Marie.

FRAU HOPRECHT (*verbirgt ihre Enttäuschung*) Tag, Friedrich! (*Küßt ihn rasch*) Schön, daß du da bist. Ick hab' schon gewartet.

HOPRECIIT Ja, cs hat ein bißchen gedauert.

FRAU HOPRECHT Aber der Kaffee is noch ganz heiß.

HOPRECHT (*in Gedanken*) Das js recht. (*Er geht zu seinem Schrank, stellt das Köfferchen daneben auf den Boden, dann öffnet er, stellt den eingepackten Säbel in die Schrankecke, schließt den Schrank*)

FRAU HOPRECHT (*beobachtet ihn betreten. Dann gießt sie Kaffee ein*) Komm, Friedrich, trink' den Kaffee. Kuchen is auch.

HOPRECHT (*setzt sich*) Ja, dank schön. Es is schon gar nich mehr warm draußen. (*Pause*) Na, was is denn, Marie? Du bist ja so still.

FRAU HOPRECHT Du, ick muß dir was sagen. – Das Lieschen is tot. Aber erschrick nich.

HOPRECHT (*starrt sie an*) Was – ?

FRAU HOPRECHT Reg' dir nur nich auf, Friedrich. Es is ja nun nich mehr zu ändern.

HOPRECHT Was hast du gesagt?

FRAU HOPRECHT Das Lieschen is – aber ganz leicht is se gestorben, Friedrich.

HOPRECHT So. Wann denn?

FRAU HOPRECHT Vorgestern. Mitten in der Nacht. Wir dachten schon, sie hat sich gebessert, aber dann war's aus. Abends hat se ein bißchen schwer geatmet, und dann is se einfach eingeschlafen. Der Willem hat bei ihr gesessen, die ganze Zeit. Gar nich weg is er von ihr. Er sagt, im Schlaf hat se zuerst noch phantasiert; ganz vergnügt war se.

HOPRECHT So 'n armes Ding.

FRAU HOPRECHT Jetzt is er mit zur Beerdigung. Ick konnte ja nich, wo du grade heimkommst. Das Geschäft hab' ick für 'ne Stunde gesperrt. – Iß doch was, Friedrich.

HOPRECHT Nee, danke, – das Kommißbrot pumpt mich immer so voll. – Sonst alles in Ordnung?

FRAU HOPRECHT Ja, sonst alles. Im Geschäft ist flau.

HOPRECHT Na ja. – Du, Marie, ich muß dir übrigens auch was erzählen. Ich dachte nämlich – eigentlich – das heißt, ich war an der Reihe, von Rechts wegen. Ich hätte nun unbedingt rankommen müssen. Der Hauptmann hat selbst gesagt, er begreift es nicht.

FRAU HOPRECHT Was denn, Friedrich.

HOPRECHT Ach so. Ja, ich hätte gedacht, daß ich diesmal zum Vizefeldwebel befördert werde. Zum überzähligen natürlich, das hätte auch von Rechts wegen so sein müssen. Ich wollte dich da überraschen mit, deshalb hab' ich nie was gesagt.

FRAU HOPRECHT Na und, Friedrich?

HOPRECHT (*etwas gereizt*) Na und? Na und! Es ist eben nichts geworden. Da is so 'ne neue Verfügung 'rausgekommen, irgend so 'ne Etatsverkürzung* von oben herunter, genau weiß ich's selbst nicht, es hat sich keiner recht ausgekannt. Die aktiven Militäranwärter kommen zuerst, und von den Reservisten dürfen's nur soundsoviele sein, das ging dann nach dem Datum des Dienstantritts,* kurzum, ich war nicht dabei.

FRAU HOPRECHT Da kannst du doch aber gar nichts dafür, Friedrich.

HOPRECHT Natürlich kann ich nichts dafür. Aber darauf kommt's ja nun gar nicht an! Ich meine nur, daß so was immer nach Bestimmungen geht, nach dem Papier, und nicht nach dem Verdienst, nach dem Menschen! Das hat unser Hauptmann auch gesagt. Na, nun kann man nichts machen.

FRAU HOPRECHT Das is aber schade. Das is nun wirklich ein Malör.

HOPRECHT Ach was! Die Hauptsache is, daß man gesund bleibt. Ich kann auch so leben, – das arme Wurm nich. So 'n junges Ding, – so 'n junges –

FRAU HOPRECHT Vielleicht is so besser für sie.

HOPRECHT (*zuckt die Achseln*) Das weiß man nicht. Das einzige, was man weiß, ist, daß jeder am Leben hängt.

FRAU HOPRECHT (*nach einer Pause*) Ich muß mal 'nen Sprung ins Geschäft 'runter. Jetzt kommen ja noch welche. (*Sie geht zu ihm hin, – nimmt plötzlich seinen Kopf*) Schön is, Friedrich, daß du wieder da bist. Nich?

HOPRECHT (*preßt einen Augenblick den Kopf an sie*) Ja, Marie. – Es könnte ja auch mal Krieg kommen, da muß man vielleicht ganz weg.

FRAU HOPRECHT Friedrich, sag' so was nich!

HOPRECHT (*lacht ein wenig*) Na, geh mal in dein Geschäft. Ich zieh' mich um.

FRAU HOPRECHT Mach' dir's bequem, Friedrich. (*Ab*)

HOPRECHT (*bleibt noch einen Augenblick stumm sitzen, dann steht er auf, geht ins Schlafzimmer. Die Tür läßt er angelehnt. – Von draußen hört man das Geräusch des Korridorschlosses und der Flurtür. Dann tritt*)

VOIGT (*ins Zimmer. Er ist blaß, seine Augen haben ein überwachtes, flackriges Licht. Er trägt einen schwarzen Anzug von Hoprecht, der ihm etwas um die Gestalt schlottert. An der Tür bleibt er kurz stehen, starrt in die Stube*)

HOPRECHT (*kommt aus dem Schlafzimmer; die Uniform hat er aufgeknöpft, überm Arm hält er seinen Zivilanzug, in der Hand Hausschuhe. Auch er bleibt ähnlich wie Voigt in der Tür stehen. Dann geht er zu Voigt hin*) Komm' 'rein, Willem, guten Tag. Is das Begräbnis schon 'rum?

VOIGT Ja. Das is 'rum. Tag, Friedrich. (*Gibt ihm die Hand*)

HOPRECHT Das hätte auch keiner gedacht, – daß es so rasch geht. Wir haben doch immer einen Arzt gehabt, und alles getan.

VOIGT (*fast hart*) Das is nun vorbei.

HOPRECHT Stimmt. Lamentieren hat keinen Zweck. Das macht se nich wieder lebendig.

VOIGT Ich hab' deinen schwarzen Anzug genommen. Meiner war zu schäbig. Du hast wohl nichts dagegen. Ick zieh' ihn gleich aus.

HOPRECHT Das eilt ja nich. Trink' mal den Kaffee, da steht noch.

VOIGT Nee, danke. (*Er geht in die Ecke hinterm Sofa, wo sein Paket liegt und sein Anzug über einem Stuhl hängt. Dann dreht er sich um, lächelt*) Na und, Friedrich? Zeig' mal, wo sind die großen Adlerknöpfe,* und die Silberkokarden?

HOPRECHT (*fast flüchtig im Ton*) Das hat sich zerschlagen.* Das, das war ein Irrtum von mir. Es dürfen jetzt nich mehr so viele sein, nach der neuen Etatskürzung.

VOIGT Du warst aber doch an der Reihe. Das war doch dein Recht.

HOPRECHT Na ja, eigentlich schon. Es is aber nun 'ne neue Verfügung 'raus. Reden wir nich mehr davon, is nich so wichtig.

VOIGT Wichtig. Wichtig is gar nichts, dazu is die Welt zu groß. Aber richtig, richtig soll's zugehn. Was richtig is, ick meine, was Recht is, das sollt' auch Recht sein! Nich?

HOPRECHT Recht is, was Gesetz is, Willem. Es geht ja nicht nach dem, was einer möchte, es is ja für alle da. Das is es, Willem.

VOIGT Und wenn einer kaputt geht dabei, dann is er alle.* Da hilft ihm kein Recht mehr, und kein Gesetz.

HOPRECHT Wenn ein Soldat fällt, Willem, dann fällt er eben. Gegen das Letzte is kein Kraut gewachsen.* – Aber bei uns kommt immer noch jeder zu Seinem.

BEIDE (*haben begonnen, sich umzukleiden*)

VOIGT Amen.

HOPRECHT Was is?

VOIGT (*freundlich, ohne Spott*) Das hast du vergessen. So 'ne Sätze hören immer mit Amen auf. Der Pastor auf dem Friedhof hat ganz was Ähnliches gewußt.

HOPRECHT Ich versteh' dich nicht.

VOIGT Is auch nich nötig. Laß dir nur nich stören. Ick zieh' mir nur um, – und dann geh' ick.

HOPRECHT Wohin denn?

VOIGT (*zuckt die Achseln*)

HOPRECHT Ja wieso – du willst doch nich fort, Willem?

VOIGT Darnach is nich gefragt. Ick muß fort.

HOPRECHT (*macht einen Schritt auf ihn zu*)

VOIGT (*holt mit einer gleichsam abwehrenden Bewegung das Papier aus seiner Tasche, wirft's auf den Tisch*) Lies mal.

HOPRECHT (*liest*) Ausweisung – ja Herrgott, Willem, hast du denn keine Eingabe gemacht?

VOIGT Zweie. Abschlägig beschieden.* Für die erste hatten se kein Interesse, für die zweite keine Zeit.

HOPRECHT (*ratlos*) Ja – wo willst du denn hin, Willem?

VOIGT (*lacht sonderbar*) Gar nirgends.

HOPRECHT Mensch, – du wirst mir doch keine Dummheiten machen!

VOIGT Ausgeschlossen. Dummheiten – ausgeschlossen. Ick werde nun langsam helle.*

HOPRECHT Du mußt natürlich sehn, daß du in einem andren Bezirk 'nen Aufenthalt kriegst, – oder du mußt um 'nen Paß einkommen, bei deiner Heimatbehörde.

VOIGT Danke. Das kenn' ick schon.

HOPRECHT Ja, was willst du denn sonst – was willst du denn anfangen?!

VOIGT Mach' dir nur keine Sorgen. Is nich so wichtig. (*Lacht wieder leise*)

HOPRECHT Lach' doch nich immer! Die Sache is doch ernst!

VOIGT Ick finde das lustig. Dir haben se nich befördert, – mir befördern se.* Jedem das Seine. Nich?

HOPRECHT Sei doch still!! Willem, du fährst auf 'nem ganz falschen .Gleis! Wenn sowas is, dann, dann müssen besondere Gründe sein, das is halt ein Unglück, Willem, was dir passiert!

VOIGT Ein Unglück? Nee. Da is kein Glück bei, und is auch kein Unglück bei. Das is ganz ein sauberes glattes Unrecht is das. Aber reg' dir nur nich auf, Friedrich. Es gibt mehr Unrecht auf der Welt, schönes ausgewachsenes Unrecht. Das muß man nur wissen. Ick weiß nun.

HOPRECHT Gar nichts weiß du! Pech hast du! Das is es! Wenn das so wäre, wie du sagst, – dann gäb's ja kein Treu und Glauben mehr auf der Welt! So darfst du mir nich fort, Willem. So kommst du nich weiter. Du mußt das tragen – wie 'n Mann.

VOIGT Tragen – das bin ick gewohnt, Friedrich. Das macht mir nichts. Ich hab' 'nen breiten Buckel, da geht ein Packen 'rauf. Aber – *wohin* soll ick's tragen, Friedrich! Das is die Frage! Wo soll ick denn hin damit?! Ick hab' ja keinen Aufenthalt, für mir gibt's ja keinen Platz auf der Erde, da könnt' ick höchstens in die Luft mit steigen, nich?

HOPRECHT Nich in die Luft, Willem! Zurück auf den Boden, Mensch! Wir leben in 'nem Staat, – und wir leben in 'ner Ordnung, – da kannst du dir nich außerhalb stellen, das darfst du nich! So schwer's auch hält,* – da *mußt* du dich wieder 'rein fügen!

VOIGT Wo 'rein? In den Staat? In 'ne Ordnung? Ohne Aufenthalt? Und ohne Paß?

HOPRECHT Einmal kriegst du's doch! Einmal kommst du doch wieder 'rein!

VOIGT So, – und was soll ick drinnen? Was hilft es mir denn? Da werd' ick noch lange kein Mensch von!

HOPRECHT Ein Mensch bist du überhaupt nur, wenn du dich in 'ne menschliche Ordnung stellst! Leben tut auch 'ne Wanze!

VOIGT Richtig! Die lebt, Friedrich! Und weißt du, warum se lebt? Erst kommt die Wanze, und dann die Wanzenordnung! Erst der Mensch, Friedrich! Und dann die Menschenordnung!

HOPRECHT Du willst dich nich unterordnen, das is es! Wer ein Mensch sein will, – der *muß* sich unterordnen, verstanden?!

VOIGT Unterordnen. Gewiß! Aber unter was drunter?! Das will ick ganz genau wissen! Dann muß die Ordnung richtig sein, Friedrich, das is se nich!

HOPRECHT Sie is richtig! Bei uns is richtig! Schau' dir 'ne Truppe an, in Reih und Glied,* dann merkst du's! Wer da drin steht, der spürt's! Tuchfühlung* mußt du halten! Dann bist du 'n Mensch, – und dann hast du 'ne menschliche Ordnung!

VOIGT Wenn se nur kein Loch hat! Wenn se nur nich so stramm sitzt, daß die Nähte platzen! Wenn da nur nichts passiert, Mensch!

HOPRECHT Bei uns nich! Bei uns in Deutschland, da is ein fester Boden drunter, da is kein hohler Raum zwischen, da kann nichts passieren! Anderswo vielleicht, wo das Gebälke faul is, – da vielleicht! Sagen wir mal: in Rußland zum Beispiel, da haben se die Bestechlichkeit der Behörden, – und dann die Muschiks, das sind nämlich Analphabeten, die wissen noch nich mal, wie se heißen, – Und dann die Lasterhaftigkeit der höheren Kreise, und dann die Studentinnen, und das ganze schlechte Beispiel! Da kann was passieren, Willem, da is Bruch! Verstehst du?! Bei uns is alles gesund von unten auf, – und was gesund is, das is auch richtig, Willem! Das is auf Fels gebaut!

VOIGT So? Und woher kommt dann das Unrecht? Kommt das ganz von selbst?

HOPRECHT Bei uns gibt's kein Unrecht! Wenigstens nich von oben 'runter! Bei uns geht Recht und Ordnung über alles, das weiß jeder Deutsche!

VOIGT So? Und deine Beförderung, is das Recht und Ordnung? Und mein Aufenthalt, is das Recht und Ordnung?

HOPRECHT Du drehst alles um, Willem! Du hast doch zuerst geschlagen, wider das Recht, und dann hat's dich getroffen! Und das mit der Beförderung, das muß eben sein! Da gibt's keine Beschwerde drüber! Die kriegen im Reichstag die Hölle heiß gemacht,* wegen der Wehrvorlage und dem Heeresetat, dann müssen se den Etat kürzen, und dann trifft es eben mich, das is nun mal so, könnt' jedem andern auch passieren! Was is denn schon einer, gegen das Ganze genommen?! Für das Geld, was se an Löhnung sparen, da wird vielleicht 'ne Kanone gebaut!

VOIGT Und dann geht se los, – und dann trifft es wieder dich! Bummbumm, da liegst du!

HOPRECHT Jawohl, da lieg' ick, wenn's mal losgeht! Und dann weiß ick auch, wofür! Fürs Vaterland, und für die Heimat!!

VOIGT Mensch, ick häng' an meiner Heimat genau wie du! genau wie jeder! Aber se sollen mir mal drin leben lassen, in der Heimat!! Dann könnt' ick auch sterben dafür, wenn's sein muß! Wo is denn die Heimat, Mensch? In 'nem Polizeibüro? Oder hier, im Papier drinnen?! Ick seh' ja gar keine Heimat mehr, vor lauter Bezirken!!

HOPRECHT Ich will's nich mehr hören, Willem! Ich darf's nich mehr hören – ich bin Soldat! Und ich bin Beamter!! Das bin ich mit Leib und Seele, da steh' ick für! Ich weiß, daß bei uns das Recht über alles geht!

VOIGT Auch über den Menschen, Friedrich! Über den Menschen mit Leib und Seele! Da geht es 'rüber, und dann steht er nich mehr auf.

HOPRECHT Du hast nich gedient, Willem! Du kennst es nich! Wenn du wüßtest, wie unsre Offiziere sind, da mag mal so 'n junger Schnösel dabei sein, gewiß – aber die andren! Die richtigen, Mensch! Da gehn wir durchs Feuer für, und das machen die auch für uns, da is jeder für jeden!

VOIGT Und das Ganze?! Das Ganze, Friedrich, für wen is das?! Was steht dahinter, Friedrich, ein Gott oder ein Teufel?! Nee, mir haben se zu lange gepufft, mir haben se nun wach gekriegt, da gibt's kein Pennen mehr, ick will das nun ganz genau wissen!!

HOPRECHT Ick sag' dir zum letztenmal: 'reinfügen mußt du dich! Nich mängeln dagegen! Und wenn's dich zerrädert – dann mußt du das Maul halten, dann gehörst du doch noch dazu, dann bist du 'n Opfer! Und das is 'n Opfer wert!! Mehr kann ick nich sagen, Mensch! Hast du denn keine innere Stimme, Willem? Wo sitzt denn bei dir das Pflichtgefühl?!

VOIGT Vorhin – auf dem Friedhof – wie die Brocken auf den Sarg
'runtergekullert sind – da hab' ick's gehört – da war se ganz
laut –

HOPRECHT Wer? Was hast du gehört?

VOIGT Die innere Stimme. Da hat se gesprochen, du, und da is
alles totenstill geworden in der Welt, und da hab' ick's vernom-
men: Mensch, hat se gesagt – einmal kneift jeder den Arsch zu,*
auch du, hat se gesagt. Und dann, dann stehst du vor Gott dem
Vater, der alles geweckt hat, vor dem stehst du dann, und der
fragt dir ins Gesicht: Willem Voigt, was hast du gemacht mit
deinem Leben? Und da muß ick sagen – Fußmatte, muß ick
sagen. Die hab' ick geflochten im Gefängnis, und dann sind se
alle drauf 'rumgetrampelt, muß ick sagen. Und zum Schluß
hast du geröchelt und gewürgt, um das bißchen Luft, und dann
war's aus. Das sagst du vor Gott, Mensch. Aber der sagt zu dir:
Geh' weg! sagt er. Ausweisung! sagt er. Dafür hab' ick dir das
Leben nich geschenkt, sagt er. Das bist du mir schuldig! Wo is
es? Was hast du damit gemacht?! (*Ganz ruhig*) Und dann,
Friedrich – und dann is es wieder nischt mit der Aufenthaltserlaubnis.

HOPRECHT Willem – du pochst an die Weltordnung, – das is 'ne
Versündigung, Willem! Das änderst du nich, Willem! Das
änderst du doch nich!!

VOIGT Das will ick auch nich. Das will ick nich, Friedrich. Das
könnt' ick ja nich, da bin ick viel zu alleine für . . . Aber so
knickerich, verstehst du, möcht' ick mal nich vor meinem
Schöpfer stehn. Ick will ihm nichts schuldig bleiben, verstehst
du? Ick werd' noch was machen damit.

HOPRECHT Du pochst an die Weltordnung, Willem.

VOIGT Ausgeschlossen. Das wär' 'ne Dummheit, das mach' ick
nich. Nee, Friedrich, da mach' dir nur keine Sorgen. Ick werd'
mir nur mal ein bißchen 'ranhalten.* Was die andern können,
das kann ick noch lange. (*Lacht*)

HOPRECHT Willem, was hast du denn vor? Was willst du denn
anfangen, Mensch! Sprich dich doch aus, Willem – also ich
hab' dich gewarnt!!

VOIGT (*hat inzwischen sein Paket verschnürt, setzt den Hut auf*) Is gut, Friedrich. Du bist ein echter Kerl. Da, deinen Anzug hab' ick über den Stuhl gehängt. Marie wird ihn klopfen. (*Geht auf ihn zu, gibt ihm die Hand, die Hoprecht zögernd nimmt*) Adieu, Friedrich. Dank dir für alles. (*Ab*)

HOPRECHT (*klammert sich mit den Händen an eine Stuhllehne*) Der Mensch – der Mensch is ja gefährlich!!

*Dunkel*

# Dritter Akt

---

## VIERZEHNTE SZENE

*Personen:* KRAKAUER, WILHELM VOIGT

*Krakauers Kleiderladen in der Grenadierstraße.\* Dumpfes fensterloses Lokal, mit Kleidungsstücken aller Art vollgestopft. Stufen zur Straße. Gemalte Schilder mit Inschriften: 'Kleider machen Leute' – 'Elegante Herrenkonfektion, billige Wintermäntel' – 'Kostüme und Masken, Verkauf und Verleih' – 'Hier werden getragene Kleider zu Höchstpreisen angekauft'. – Hinterm Ladentisch Krakauer, sagenhafte Ghettogestalt, Wilhelm Voigt bedienend.*

KRAKAUER Können Se haben! Können Se haben!! 'ne neue, 'ne noble, 'ne extrafeine, se hängt vor der Tür im Straßenstand, da stauen sich die Leute und sind geblendet von solchem Glanz.

VOIGT Ick hab' se gesehn. Deshalb komm' ick ja 'runter.

KRAKAUER Sally! Sal-ly! Bring' die neue feine Uniform! Die is nobel, mein Herr, die is haltbar, die is auch echt!

VOIGT Ick brauch' se für 'nen Maskenball.

KRAKAUER Ihre Sache, mein Herr, Ihre Sache! Bei uns in der Grenadierstraße können Se alles haben, da fragt Se keiner wozu. (*Sally mit der Uniform*) Da, schaun Se sich an, den Glanz, die Nobleß, das Material, das teure Tuch, die seidne Fütterung, den roten Kragen, die blanken Knöpfe – is es nich e Wunder? Ihnen gesagt: es is e Wunder. Wenn die Uniform könnt' allein spazieren gehn, ohne daß einer drin steckt – ich sag' Ihnen, jeder Soldat wird se grüßen, so echt is se!

VOIGT (*ist einen Schritt zurückgetreten, starrt fasziniert auf die Uniform. Dann dreht er sich weg, schüttelt den Kopf*) Ick weiß nich – ob ick soll.

KRAKAUER Se wissen nich? Werd' ich Ihnen was sagen: Ich weiß! Ich weiß was für Sie: nehmen Se was andres! Müssen Se gehn als Hauptmann? Auf dem Maskenball, da will man sich amüsieren. Als Hauptmann werden Se sich nich amüsieren, da wird man Se gleich erkennen, wird man sagen: so sieht e Hauptmann nich aus. Hören Se auf mich: – nehmen Se was Historisches. Da hätt' ich die schönsten Sachen.

VOIGT Was Historisches kann ick nun gar nich brauchen.

KRAKAUER Mein Herr; wenn man will 'nen guten Eindruck machen, is immer besser: was Historisches. E römischer Feldherr, oder e Nürnberger Henker, oder e altertümlicher französischer Louis, hab' ich alles auf Lager.* Wollen Se nich? Muß es 'n Offizier sein? Se haben recht, e Offizier hat immer recht. Gehn Se als Reitergeneral vom alten Fritze, das wär' was für Ihre Figur! Potsdam is Mode – Potsdam is immer sehr beliebt! War ich am Sonntag hingewesen, in Potsdam, mit meinem Sally und mit seiner Braut, der Lea. Wollten wir 'rein ins Schloß, sagt der Goy am Eingang: Se können nich 'rein, da sind Offiziere drin, da stören Se, die Herren wollen so was nich sehn. Nebbich, hab' ich gesagt, was soll e Jud' im Schloß? Hab' ich mir die historische Windmühle* angesehn, is auch schön.

VOIGT (interessiert) In Potsdam sind immer viel Offiziere, nich?

KRAKAUER Mehr wie Se ungefrühstückt vertragen können. Na, und wie wär's mit 'nem schönen Pierrot, ich hätt' einen in Weiß mit lila Bollen, oder ein Maharadscha, oder ein schicker Cowboy, oder ein Bur mit Schlapphut?

VOIGT Nee nee. Ick nehm' se doch. (Nimmt die Uniform vom Bügel)

KRAKAUER Gemacht!! Das is e Wort! Recht haben Se, Herr Hauptmann! Ein Offizier is doch immer das Schönste, hab' ich recht?

VOIGT Da sind aber 'ne Menge Flecken drauf, auf dem Rock.

KRAKAUER Flecken? Das sind Champagnerflecken, riechen Se
mal dran, das können Se noch riechen, so feine Flecken, das
sind überhaupt keine Flecken, Sally, hol' ein Päckchen Fleckkugeln nebenan vom Kemnitzer, die kriegt der Herr Hauptmann umsonst zugeliefert.

VOIGT (*mustert sachverständig die Uniform*) Auf der einen Achselklappe fehlt ja ein Stern! Als Hauptmann, da hab' ick zwei
Sterne, sonst wär's ja ein Oberleutnant. Und die Gardelitzen
sind ganz verschabt am Rand.

KRAKAUER 'nen Stern können Se extra haben, und die Litzen
lassen Se sich e bißchen säumen, zu Haus von der Frau Hauptmann oder dem jungen Töchterlein.

VOIGT Was soll's denn kosten?

KRAKAUER Kosten? Das kann man nich kosten nennen, Herr
Hauptmann, das is e Gelegenheit, das is e freudige Überraschung, das sind überhaupt keine Kosten, für mich sind's
Unkosten, für Sie is es e Kapitalsanlage: e Zwanzigmark-
stückelchen!

VOIGT (*legt die Uniform hin*) Nee.

KRAKAUER Achtzehn! Siebzehn, Herr Hauptmann, siebzehn is e
Wort!

VOIGT Fünfzehn. Da müßt' ick aber noch 'ne Feldbinde zukriegen,
und die Mütze und ein paar Anschnallsporen. 'nen Säbel auch,
zum Unterschnallen.

KRAKAUER Herr Hauptmann! Herr Hauptmann, Se bringen Jammer und Armut über mein Haus! Reden Se nich, ich geb' se
Ihnen für fünfzehn, weil Sie's sind, aber für den Säbel und für
die Sporen müssen Se noch drei Mark zulegen, dafür kriegen
Se die Fleckkugeln umsonst und die schöne Pappschachtel und
'ne Schnur drum, da werden noch Ihre Urenkel die Wäsche
drauf trocknen. Wollen Se nich lieber 'nen Helm, das is kleidsam, das sieht nach was aus.

VOIGT Nee. Danke. Die Mütze tut's auch. Ein Helm rutscht immer. Haben Se auch 'nen grauen Offiziersmantel?

KRAKAUER Nich vorrätig. Könnt' ich Ihnen besorgen in einem Tag.

VOIGT Ich brauch' ihn sofort. Ich kann nich länger warten.

KRAKAUER Dann fragen Se mal um die Ecke beim Kemnitzer, das is e Geschäftsfreund von mir. Was ich nich hab', hat er, und was er nich hat, hab' ich, haben wir uns geeinigt und machen zusammen auf zehn Prozent, kriegt keiner e Roches auf den andern. Soll ich den Säbel gleich zupacken?

VOIGT Zeigen Se mal her, hat er 'nen Gardestern?

KRAKAUER Herr Hauptmann denken an alles. Bitte schön, Herr Hauptmann: Marke I a mit dem Stern.

VOIGT Is gut. Mal rasch alles einpacken. Die Fleckkugeln gleich zu.

KRAKAUER (*packt mit Sally in gewohnheitsmäßiger Eile ein*) Zu Befehl, Herr Hauptmann: ich leg' se Ihnen zusammen, Sie brauchen se nich aufzubügeln. Darf ich um Kasse bitten, Herr Hauptmann?

VOIGT Hier, haben Se achtzehn Mark. Verdammt teuer Ihr Geschäft.

KRAKAUER Danke, Herr Hauptmann, wenn Se wieder was brauchen. Ich sag' Ihnen: Se haben nich gekauft, Se haben geerbt.

VOIGT So, geben Se her. (*Will gehen*)

KRAKAUER (*vertritt ihm den Weg*) Herr Hauptmann! 'n Moment, Herr Hauptmann! Wollen Se nich der Frau Hauptmann was mitbringen für den Maskenball, e hübsche Larve, 'nen seidnen Domino* –

VOIGT Halten Se mich nich auf! – Ich muß in Dienst! (*Geht*)

KRAKAUER Adieu, Herr Hauptmann, viel Vergnügen, Herr Hauptmann!! – Auch e Hauptmann!!*

*Dunkel*

## FÜNFZEHNTE SZENE

*Personen: ZWEI BAHNBEAMTE, EIN DIENSTMANN,*
*WILHELM VOIGT*

*Berlin, Schlesischer Bahnhof.\* Man sieht ein Stück der Halle mit Abfahrts- und Ankunftstafeln. Rechts ein Gang mit Abort. Aufschrift: Männer. Zwei Türen, auf der einen steht 'PP', auf der anderen 'WC'. Diese Tür ist mit einer automatischen Schließvorrichtung versehen. Frühe Morgenstunde. Der Bahnhof ist menschenleer.*

WILHELM VOIGT (*mit der Pappschachtel in der Hand, kommt durch die Halle. Geht stracks zum Abort, wirft einen Groschen in den WC-Automaten, verschwindet*)

EIN DIENSTMANN (*schlendert gähnend vorbei*)

ZWEI BAHNBEAMTE (*kommen von der Seite*)

DER ERSTE (*zum Dienstmann*) Kein Betrieb, Henke, was?

DER DIENSTMANN So früh reist keiner. (*Verschwindet*)

DER ZWEITE (*in einem Gespräch fortfahrend*) Sehn Se mal, ihr glaubt immer, das is ein Steckenpferd von mir, das is aber kein Steckenpferd, das hab' ich mir alles genau ausgerechnet. Unser Berliner Eisenbahnkopfnetz läuft in acht Hauptrichtungen auseinander. Außerdem aber haben wir achtzehn Nebenrichtungen für die Kleinbahnen und die Vororte. Nun denken Se nur mal nach: fünfzehn Hauptblockstellen für sechsundzwanzig Gleisstellungen, das ist doch viel zu wenig! Die Verwaltung überlegt sich sowas immer erst hinterher, wenn mal ein Unglück passiert is. Aber ich sage Ihnen, man müßte nur –

DER ERSTE Entschuldigen Sie mal 'n Moment: wenn ich so früh aufstehe, dann geht's immer nicht, und nachher muß ich ganz plötzlich. (*Geht zum WC*)

DER ZWEITE Gewiß, gewiß. Also ich sage Ihnen, da müssen Se nur mal drüber nachdenken, dann kommen Se selbst drauf. Das elektrische System in allen Ehren, aber schließlich kann mal ein Kurzschluß sein, und was dann? Im Grund sind wir doch immer auf menschliche Leistungen angewiesen.

DER ERSTE Besetzt. (*Macht kehrt, geht rascher. Beide quer über die Bühne zurück*)

DER ZWEITE Und deshalb bin ich der Ansicht, es müssen fünf neue Blockstellen her, die Anzahl der Weichensteller muß erhöht werden und die Dienststunden verkürzt. Sonst gibt's mal ein Malör. Das hab ich dem Inspektor auch gesagt, der hat gelacht, na meinen Se, da wär' ich still gewesen? Da kennen Se mich schlecht! Herr Inspektor, hab ich gesagt, – Herr Inspektor, da könnte statt Ihrer der Herr Eisenbahnpräsident persönlich da stehn, dann würde ich trotzdem – (*Sie verschwinden einen Augenblick nach der anderen Seite, man hört die Stimme weiter, dann kommen sie zurück*)

DER ERSTE Na ja, das mag ja alles stimmen, aber da dringen Se doch nich durch mit. (*Geht rascher*)

DER ZWEITE (*fast laufend mit ihm*) Da dring' ich nich durch mit? Da dring' ich nich durch? Ich hab' doch den Plan ganz genau ausgearbeitet. Fünf Blockstellen, das is doch ganz einfach, nehmen wir die Strecke Berlin-Spandau, Berlin-Stahnsdorf, Berlin-Köpenick.

DER ERSTE Donnerschlag. Immer noch besetzt. (*Macht kehrt*)

DER ZWEITE Berlin-Köpenick, dann die Südstrecke und die Oststrecke, da is ja sowieso vorgesehen. Und nun möcht' ich wirklich wissen, was kann das schon kosten, das fällt bei der Berechnung des Gesamtbauetats gar nich ins Gewicht, das müßte nur –

DER ERSTE Jaja, da haben Se recht, das is ja gar kein Zweifel. (*Macht kehrt*)

DER ZWEITE Sehn Sie, sehn Sie! Aber nun hören Se zu, die Hauptsache, die Personalfrage, (*hält ihn am Arm*) 'n Augenblick noch, passen Se mal auf . . .

DER ERSTE Nun wird's aber zu bunt. (*Zum WC., rasselt an der Tür*)
Herrgott, wer scheißt denn hier so lange!!
   (*Die Tür geht auf*)

VOIGT (*in voller Hauptmannsuniform, tritt heraus*)

DER ERSTE (*fährt furchtbar zusammen, steht unwillkürlich stramm*)

VOIGT (*sieht ihn an, ruhig und sicher*) Haben Sie gedient?

DER ERSTE Jawohl, Herr Hauptmann.

VOIGT Dann werden Se auch gelernt haben, sich zu beherrschen.
Wo haben Se gedient?

DER ERSTE Beim sechsten schlesischen Infanterieregiment Prinz
Joachim Albrecht erstes Bataillon dritte Kompanie.

VOIGT Na warten Se mal 'n Moment – (*geht ein paar Schritte in
die Halle, ruft*) He! Dienstmann! Kommen Se mal her!

DIENSTMANN (*kommt gelaufen, steht stramm*)

VOIGT Nehmen Se mein Paket da 'raus, tragen Se's zur Handgepäckaufbewahrung. Marsch! Ich komme nach. (*Er zieht sich
Handschuhe an*)

DER DIENSTMANN (*springt mit dem Paket*)

VOIGT (*zum Bahnbeamten*) So. Jetzt können Se austreten. Das
nächste Mal nehmen Se sich 'n bißchen zusammen.

DER ERSTE Zu Befehl, Herr Hauptmann!

VOIGT (*legt den Finger an die Mütze, geht*)
                                   *Dunkel*


## SECHZEHNTE SZENE

*Personen:* BÜRGERMEISTER OBERMÜLLER, STADTSEKRETÄR KUTZ-
MANN, STADTRAT RAU, STADTRAT COMENIUS, STADTSCHUTZMANN
KILIAN, WÄSCHERIN KÄHNDORF, WILHELM VOIGT, EIN GEFREI-
TER, ZEHN MANN

*Vorhalle mit Treppenhaus im Köpenicker Rathaus. Im Hintergrund
weit offenes Flügeltor zur Straße. Es regnet draußen. Drinnen*

*herrscht tiefster Friede. Stadtschutzmann Kilian, ein unförmlich dicker Mensch, hockt in seinem kleinen offenen Wachraum rechts vom Haupteingang und liest Zeitung.*

STADTRAT RAU UND STADTRAT COMENIUS (*kommen von der Seite. Beide sind damit beschäftigt, ihre Frühstücksbrote aus dem Papier zu schälen*)

COMENIUS Machen wir rasch 'ne kleine Frühstückspause. Das dauert noch stundenlang. Bis die Neustraßenbenennungsvorlage dran kommt, sind wir längst wieder droben.

RAU Sehr richtig. Wir gehen in Ratskeller\* und trinken 'ne halbe Rotspohn.\*

COMENIUS 'ne ganze kann auch nichts schaden. Das eilt ja nich. Der Bürgermeister is ja noch nich da.

RAU Das is auch nich sein Ressort. Das macht ja Rosencrantz. Wenn die Steuersache zur Abstimmung gelangt.

COMENIUS (*essend*) Kommt ja nichts 'raus bei. Kommt nichts 'raus bei der Sache. Kilian!

KILIAN Jawohl, Herr Stadtrat?

COMENIUS Wenn gefragt wird, wegen Abstimmung, wir sitzen im Ratskeller, holen Se uns.

KILIAN Sehr wohl, Herr Stadtrat.

COMENIUS UND RAU (*ab durch eine Tür, über der ein Schild steht: Zum Ratskeller*)

WÄSCHERIN KÄHNDORF (*ein Mädchen in dünnem Mantel, mit nassen Haaren, kommt von außen*)

KILIAN (*ziemlich grob*) Was wollen Sie denn schon wieder hier?

WÄSCHERIN Ich muß ja nun nochmal, wegen meinem Paß, es geht ja nich ohne.

KILIAN Hab' ich Ihnen nich schon dreimal gesagt, daß hier kein Paßamt is?

WÄSCHERIN Ich brauch' ihn aber doch.

KILIAN So viel Dummheit is ja militärwidrig! Pässe gibt's auf dem Landratsamt, verstehn Se denn das nich? Hier is 'ne städtische Behörde, hier is kein Paßamt dabei!!

WÄSCHERIN Da müßt' ick aber mit der Bahn fahren, und so viel Freizeit hab' ick ja nich, und da hab' ick gedacht –

KILIAN Gedacht!! Sie haben nich zu denken, merken Se sich das! Wie oft soll ich mich denn noch mit Ihnen 'rumärgern!

WÄSCHERIN Ick hab' ja keinen Heimatschein. Ick bin doch aus dem Spreewald.*

KILIAN Dann scheren Se sich in den Spreewald! 'raus hier!

WÄSCHERIN (geht) Nun weiß ick wirklich nich mehr, was ick soll machen. (Ab)

KILIAN Dumme Gans. (Setzt sich wieder über seine Zeitung. Gleich darauf erscheinen)

BÜRGERMEISTER OBERMÜLLER UND STADTSEKRETAR KUTZMANN (im Portal. Sie klappen ihre Regenschirme zu und schütteln sie ab)

OBERMÜLLER (mitten im Gespräch) Lieber Kutzmann, ich stehe auf dem Standpunkt: Keinem eine Extrawurst.* Wieso soll grade für die Dampfwäschereibesitzer eine Bestimmung geschaffen werden, die für kleine Betriebe nicht gelten kann? Die Leute verdienen sowieso 'ne Menge Geld.

KUTZMANN Sehr richtig, Herr Bürgermeister, man muß nur bedenken, daß sie die Hauptsteuerzahler unserer Stadtgemeinde repräsentieren. Diese Leute zahlen unsere Gehälter sozusagen. (Lacht)

KILIAN (ist beim Erscheinen der beiden aufgesprungen, nimmt ihnen nun diensteifrig die Regenschirme ab) Die Schirme behalt' ick hier unten, Herr Bürgermeister, – sonst trippelt's ins Vorzimmer, und dann gibt's 'nen kleinen Bach.

OBERMÜLLER Danke, Kilian. Aber erinnern Sie mich dran, wenn ich heimgehe.

KILIAN Herr Bürgermeister werden ihn nich vergessen, da sorgt Kilian für. Die Gummischuhe auch, wenn ick bitten darf. Das macht so Tappen auf den Treppen.

OBERMÜLLER Jaja, danke schön. (*Kilian zieht ihm die Schuhe aus*) Die Herrn in der Sitzung?

KILIAN Jawohl, Herr Bürgermeister.

OBERMÜLLER Herr Kutzmann, Sie schaun mal 'rein bittschön. Das macht ja Rosencrantz. Vielleicht bringen Sie mir mal dann das Protokoll 'rüber.

KUTZMANN Selbstverständlich, gern.

OBERMÜLLER (*weitergehend mit ihm*) Nein nein, in der Wäscherei-sache kann ich mich Ihrer Meinung nicht anschließen. (*Auf der Treppe*) Extravergünstigungen für höhere Steuerzahler, das wäre eine Durchbrechung des Systems. Das ist eine Prinzip-sache, mein Lieber. Kommt gar nicht in Frage!
(*Beide ab*)

KILIAN (*lauscht nach der Straße, von der man, kurz aufklingend, Kinderjohlen und gleich darauf taktmäßige Schritte hört*) Was is denn da los? – Das is ja –

VOIGTS STIMME (*von draußen*) Das Ganze – halt! Front! Rrrrricht euch! Augen grade – aus! Achtung! Bajonett – pflanzt – auf!*
(*Jedes Kommando wird vom Geräusch der scharf klappenden Ausführung begleitet*)

VOIGT (*als Hauptmann, tritt ein, geht in militärisch rascher Gangart auf Kilian zu. Der springt aus seinem Wachraum, reißt die Knochen zusammen*) Sind Sie die einzige Wache hier?

KILIAN Jawohl, Herr Hauptmann.

VOIGT Der Polizei-Inspektor?

KILIAN Im Amtszimmer, Stube zwölf.

VOIGT Sie hören auf mein Kommando.

KILIAN Zu Befehl, Herr Hauptmann. Soll ich Herrn Inspektor rufen?

VOIGT Zunächst nich. Hat das Rathaus außer dem vorderen und dem rückwärtigen noch einen dritten Ausgang?

KILIAN Durch den Ratskeller, Herr Hauptmann, sonst keinen.

VOIGT Gut. (*Zum Portal zurück, kommandiert nach außen*) Der erste Mann bleibt am Haupteingang, der zweite besetzt das Rückportal, der dritte den Eingang zum Ratskeller. Es verläßt oder betritt kein Mensch das Rathaus ohne meine persönliche Erlaubnis. Belagerungszustand, verstanden?! Die Eingänge werden geschlossen. Die andern folgen mir. Gefreiter, lassen Sie antreten. (*Zu Kilian*) Sie führen mich zum Amtszimmer des Bürgermeisters.

KILIAN Zu Befehl, Herr Hauptmann!

DRAUSSEN (*die Stimme des Gefreiten: 'In Reihen gesetzt, – rechts schwenkt – marsch!'* * *Die Soldaten erscheinen im Eingang*)

KILIAN (*hat sich, so rasch die Beine seinen Leibesumfang tragen, treppauf in Marsch gesetzt*)

VOIGT Vorwärts – marsch!
(*Im Taktschritt treppauf voraus, der Gefreite und sechs Grenadiere folgen. Im Hintergrund kracht das Tor zu*)

*Dunkel*


## SIEBZEHNTE SZENE

*Personen:* BÜRGERMEISTER OBERMÜLLER, FRAU OBERMÜLLER, STADTKÄMMERER ROSENCRANTZ, POLIZEI-INSPEKTOR STECKLER, WACHTMEISTER KILIAN, STADTRAT COMENIUS, EIN SCHREIBER, WILHELM VOIGT, GRENADIERE

*Amtszimmer des Bürgermeisters. An der Wand ein Porträt Bismarcks und eine Photographie Schopenhauers. Obermüller in einem bequemen Sessel hinterm Diplomatenschreibtisch. Ein Stadtschreiber mit Stenogrammblock, stehend daneben.*


OBERMÜLLER (*diktiert*) – können wir Ihnen daher in dieser Sache keineswegs entgegenkommen. Haben Se's? Entgegenkommen. Die Verwaltung einer Stadtgemeinde, deren Hauptkontingent sich aus Industriebevölkerung rekrutiert – oder nein, lassen Se mal, zuviel Fremdworte –, deren Bevölkerung sich aus Industrieangestellten zusammensetzt, – zusammensetzt, – kann nur nach den Grundsätzen der modernen freisinnigen Sozialpolitik geleitet werden. Wir haben hier in Köpenick keine Garnison, und brauchen deshalb nicht, wie andere Gemeinden, die hauptsächlich auf die Militärbehörde Rücksicht nehmen müssen – na, was is denn los?

KILIAN (*steckt den Kopf herein, mit vorquellenden Augen*) Herr Bürgermeister! Herr Bürger –

OBERMÜLLER Was soll denn das heißen? Wieso können Sie hier einfach, ohne anzuklopfen –

VOIGTS STIMME (*draußen*) Zwei Mann vor Gewehr, der Gefreite als Ordonnanz, die anderen bleiben vorläufig auf dem Gang zur Verfügung. Mal Platz hier!
(*Er schiebt von hinten Kilian beiseite, tritt ein. Man sieht in der Tür die beiden Soldaten und ihre aufgepflanzten Bajonette*)

OBERMÜLLER (*sprachlos, erhebt sich langsam von seinem Sessel*)

VOIGT Sind Sie der Bürgermeister von Köpenick?

OBERMÜLLER Allerdings.

VOIGT (*zum Schreiber*) Gehn Se mal 'raus.

OBERMÜLLER Ja, was soll denn das –

VOIGT (*hebt die linke Hand, ihn zur Ruhe weisend, dann klappt er die Hacken zusammen, legt die Rechte an den Mützenschirm*) Auf allerhöchsten Befehl Seiner Majestät des Kaisers und Königs erkläre ich Sie für verhaftet. Ich habe Auftrag, Sie sofort auf die Neue Wache* nach Berlin zu bringen. Machen Sie sich fertig.

OBERMÜLLER (*bleich, aber einigermaßen gefaßt*) Das verstehe ich nicht. Das muß doch ein Irrtum sein, wieso denn überhaupt?

VOIGT Wieso? (*Weist auf die Truppen hinter sich*) Genügt Ihnen das nicht?

OBERMÜLLER Ja, aber es muß doch ein Grund vorliegen! Können Sie mir denn nicht –

VOIGT Sie werden schon wissen. *Ich* habe nur Befehl.

OBERMÜLLER (*haut auf den Tisch*) Das is aber doch stark! Ich lasse mich hier nicht einfach –

VOIGT Haben Sie gedient?

OBERMÜLLER Jawohl, ich bin Oberleutnant der Reserve.

VOIGT Dann wissen Sie doch, daß jeder Widerstand nutzlos ist. Befehl ist Befehl. Hinterher können Se sich beschweren.

OBERMÜLLER Ja, ich habe aber doch gar keine Ahnung –

VOIGT Tut mir leid. Ich auch nicht. Ich habe nur Befehl.
(*Winkt den beiden Grenadieren, die kommen mit festem Tritt ins Zimmer, nehmen mit aufgepflanztem Bajonett Posten rechts und links vom Schreibtisch*)

OBERMÜLLER (*starrt, nimmt seinen Zwicker ab, Schweiß auf der Stirn*)

VOIGT (*zum Gefreiten, der hinter ihm steht*) Schaun Se mal nach, was der Polizei-Inspektor macht. Nebenan, Zimmer zwölf. (*Zu Obermüller*) Wer hat die Stadtkasse unter sich?

OBERMÜLLER Der Stadtkämmerer Rosencrantz. Ich möchte aber sehr bitten –

VOIGT Danke. (*Zu Kilian*) Holen Se den Herrn mal her.

KILIAN (*diensteifrig*) Der steht schon im Vorzimmer, Herr Hauptmann! (*Ruft nach rückwärts*) Herr Stadtkämmerer!! 'Reinkommen!!

VOIGT Haben Sie gedient?

ROSENCRANTZ Jawohl, Herr Hauptmann! Leutnant der Reserve im zweiten nassauischen Feldartillerieregiment Nummer siebenundzwanzig Oranien.

VOIGT Danke. Leider muß ich auch Sie vorläufig in Haft nehmen und auf die Neue Wache in Berlin bringen. Sie machen sofort einen vollständigen Kassenabschluß, den ich kontrollieren werde.

ROSENCRANTZ Zu Befehl, Herr Hauptmann! Ich muß mich zu diesem Zweck in die Stadtrendantur und in den Kassenraum begeben. Bitte gehorsamst um Passiererlaubnis.

VOIGT Sie bekommen natürlich eine Wache mit.

OBERMÜLLER (*hat sich wieder gesammelt*) Erlauben Sie mal, Herr Stadtkämmerer, wie kommen Sie eigentlich dazu, hier ohne weiteres zu kapitulieren? Sie haben in diesem Hause ohne meinen Befehl keinen Abschluß zu machen!! Noch bin ich nicht abgesetzt!

ROSENCRANTZ Aber verhaftet – verzeihen Herr Hauptmann, ich dachte wenigstens –

OBERMÜLLER Das geht nicht so einfach! Ich verlange die Bestellung eines Vertreters! Die Stadtkasse kann nicht ohne Beschluß der Verwaltung –

VOIGT (*sehr scharf*) Die Verwaltung der Stadt Köpenick bin ich! Der Herr Bürgermeister ist ganz einfach mein Gefangener. (*Zu Rosencrantz*) Führen Sie meine Anweisung aus!

ROSENCRANTZ (*mit vorwurfsvollem Blick zum Bürgermeister*) Selbstverständlich, Herr Hauptmann. –

VOIGT (*ruft nach rückwärts*) Ein Mann vor Gewehr begleitet Herrn Stadtkämmerer in die Rendantur. Ich gebe Ihnen zehn Minuten. Reicht das?

ROSENCRANTZ Ich werde mich beeilen, Herr Hauptmann!

VOIGT Danke.

ROSENCRANTZ (*ab*)

DER GEFREITE (*ist inzwischen wieder erschienen*)

VOIGT Na, was ist mit dem Polizei-Inspektor?

DER GEFREITE Schläft, Herr Hauptmann.

VOIGT Wieso schläft er? Liegt er?

DER GEFREITE Sitzt, Herr Hauptmann, hinterm Amtstisch. Schnarcht mächtig.

VOIGT Dann wird er geweckt. Holen Se ihn sofort herbei.

GEFREITER (*ab*)

OBERMÜLLER (*nun völlig konsterniert, mit zitternder Stimme*) Herr Hauptmann, Ihr Vorgehen wird nicht ohne parlamentarische Folgen bleiben. Ich bin Mitglied der fortschrittlichen Volkspartei –

VOIGT Das interessiert mich nicht. Ich befolge nur meinen Befehl.

OBERMÜLLER Ich füge mich der Gewalt, Herr Hauptmann. Aber die Sache wird sich aufklären. Was hier vorgeht, geschieht auf Ihre Verantwortung!

VOIGT Sehr richtig, auf meine Verantwortung. Na, endlich!

DER POLIZEI-INSPEKTOR (*wird vom Gefreiten hereingebracht. Sein Uniformkragen steht noch offen*) Das geht doch nicht! Man kann mich doch nicht einfach mit dem Bajonett – (*Sieht Voigt an, verstummt*)

VOIGT Sagen Sie mal, wie kommen Sie eigentlich dazu, im Dienst zu schlafen? Werden Sie dafür von der Stadt Köpenick bezahlt?

INSPEKTOR Nein, Herr Hauptmann.

VOIGT Das will ich auch meinen. Bringen Sie mal gefälligst Ihre Kleider in Ordnung.

INSPEKTOR (*faßt nach der falschen Stelle, dann hastig zum Halskragen*) Verzeihen, Herr Hauptmann.

VOIGT (*milder*) Na ja, Ordnung muß sein. – Was bringen denn Sie?

EIN GRENADIER (*in der Tür*) Meldung von der Portalwache, Herr Hauptmann: Es sind nun schon mindestens tausend Leute draußen. Wache bittet um Verstärkung.

VOIGT Aha. (*Zum Inspektor*) Mal rasch 'runter auf die Straße. Sie vertreten ja hier die oberste Polizeigewalt. Sorgen Se mal für Ruhe und Ordnung gefälligst!

INSPEKTOR Jawohl, Herr Hauptmann! (*Schleunigst ab*)

VOIGT (*zu Obermüller*) Haben Sie einen Wunsch? Soll ich Ihnen eine kleine Stärkung bringen lassen?

OBERMÜLLER Nein, danke, ich möchte nur – wenn ich bitten darf – meine Frau benachrichtigen.

VOIGT (*zu Kilian*) Holen Se mal die Frau Bürgermeister 'rüber. Aber trab – trab, wir bleiben nicht mehr lange. (*Zu Obermüller*) Bis zu Ihrem Abtransport können Sie ungehindert mit Ihrer Gemahlin verkehren. Natürlich nicht ohne Bewachung.

OBERMÜLLER Besten Dank, Herr Hauptmann.

EIN GRENADIER (*im Eingang*)

VOIGT Na, was denn schon wieder?

GRENADIER Meldung vom Hauptposten, Herr Hauptmann: Die Stadträte haben sich im Vorraum versammelt, ihre Sitzung is 'rum, sie wollen 'raus.

VOIGT Wieviel Stadträte sind's denn?

GRENADIER Achtzehn Stück, Herr Hauptmann!

VOIGT Durchlaß kann nicht gewährt werden. Wiederholen Sie meinen Befehl gefälligst!

GRENADIER Durchlaß kann nicht gewährt werden, Herr Hauptmann! (*Kehrt, ab*)

DER POLIZEI-INSPEKTOR (*steht gleich hinter dem Grenadier, drängt sich in die Tür*) Verzeihen, Herr Hauptmann, ich kann ja auch nich durch, die lassen mich ja nich auf die Straße – wie soll ich denn da –

VOIGT (*ruft dem Grenadier nach*) Zurück! Nehmen Sie den Herr Polizei-Inspektor mit, lassen Sie ihn auf die Straße.

GRENADIER (*mit Inspektor ab*)

KILIAN (*in der Tür*) Die Frau Bürgermeister kommt sofort, war nur nich ganz angezogen.

VOIGT Gut. – Sagen Se mal – wer hat denn die Paßabteilung unter sich?

KILIAN Verzeihen, Herr Hauptmann – wir haben hier leider keine Paßabteilung. Das ist nur in Kreisstädten,* auf dem Landratsamt.

VOIGT (*starrt ihn einen Moment an*) Ach so. Ja natürlich. – Das hatte ich ganz vergessen. Na, darauf kommt's nun auch nich mehr an. (*Stößt den Säbel auf die Erde*)

FRAU OBERMÜLLER (*kommt hereingebraust*) Um Gotteswillen, was ist denn passiert – mein armer Mann – ach, Herr Hauptmann – (*sieht Voigt hilflos an*)

VOIGT (*Hand an die Mütze, sehr höflich*) Gnädige Frau, ich bitte vielmals um Entschuldigung, ich habe den höchst unangenehmen Auftrag, Ihren Herrn Gemahl nach Berlin auf die Neue Wache zu bringen. Alles Nähere wird Ihnen Ihr Herr Gemahl wohl selbst anvertrauen.

OBERMÜLLER Es ist mir vollkommen unverständlich.

FRAU OBERMÜLLER (*ohne auf ihn zu hören*) Ja, ich verstehe gar nicht – was soll er denn auf der Neuen Wache?

VOIGT Das entzieht sich meiner Kenntnis, gnädige Frau. Es handelt sich um Unregelmäßigkeiten in der Verwaltung, soviel ich weiß.

OBERMÜLLER Ich lehne jede Verantwortung ab –

FRAU OBERMÜLLER Was?! Das ist ja entsetzlich! Da kann er ja bis heute abend gar nicht wieder zu Hause sein?

VOIGT (*mit leisem Lächeln*) Das glaube ich kaum, gnädige Frau.

FRAU OBERMÜLLER Aber wir haben doch heute abend Gesellschaft, wir haben doch schon alles vorbereitet –

VOIGT Wenn ich mir erlauben darf, gnädige Frau, würde ich Ihnen raten, die Gesellschaft abzusagen. Jetzt können sich die Herrschaften noch etwas anderes vornehmen.

FRAU OBERMÜLLER Da müßte ich aber gleich telefonieren!

VOIGT Bitte sehr. Ihnen steht das Telefon zur Verfügung. Natürlich nur zum Privatgespräch.

FRAU OBERMÜLLER Ich danke Ihnen. Sie sind sehr liebenswürdig. Das ist ja zu schrecklich. Ist denn da gar nichts zu ändern?

VOIGT Leider nein, gnädige Frau. Sie wissen, wenn man als Offizier einen Befehl kriegt – es mag einem persönlich sehr wider den Strich* gehen, – aber dafür ist man Soldat. (*Verbeugt sich*)

FRAU OBERMÜLLER Oh, vielen Dank. (*Zu ihrem Mann*) Du hast gehört, was der Herr Hauptmann gesagt hat. Da muß ich Junghansens anrufen!

OBERMÜLLER Mir ist es vollkommen unverständlich – ja, ruf' nur an.

FRAU OBERMÜLLER (*am Telefon*) Was sag' ich denn – ja, 518 – ich
sage einfach, – ja, ist dort Frau Junghans? Liebe Charlotte, ja,
hier ist Mathilde, danke gut, hören Sie Charlotte, Sie *müssen*
mir einen Gefallen tun, nein, nicht das Serviermädchen, wir
können nämlich heute abend nicht, ja, ganz plötzlich, überraschend, kann Ihnen in der Eile nicht erklären, wir müssen
plötzlich nach Berlin, mein Mann und ich, weiß ich nicht, kann
ein paar Tage dauern – ja, dienstlich, plötzlich, überraschend,
bitte rufen Sie doch für mich Frau Lütgebrüne an und Frau
Koch und Frau Kutzmann, daß es nichts ist heute, und daß ich
bitte zu – ja, ja, dienstlich, vielleicht eine längere Reise, nein,
danke, danke, nichts zu gratulieren, auf Wiedersehen, vielen,
vielen Dank – (*Legt den Hörer hin*) Sie meint, du sollst Landrat
werden – !

VOIGT (*ist inzwischen mit großen Schritten auf und ab gegangen,
nimmt noch während des Telefongespräches Kilian beiseite*) Kommen Se mal mit. (*Geht mit ihm hinaus*)
(*Es bleiben außer Herrn und Frau Obermüller nur die beiden
Soldaten mit aufgepflanzten Bajonetten*)

FRAU OBERMÜLLER Ja, was ist denn, um Gotteswillen, du kannst
doch nicht einfach so dasitzen!

OBERMÜLLER Was soll ich denn machen? Du siehst ja. Ich habe
alles versucht. Ich lehne jede Verantwortung ab.

FRAU OBERMÜLLER Ja, weißt du denn gar nicht – das kann doch
nicht stimmen, Oskar!

OBERMÜLLER Stimmen?! Das kann sich nur um eine infame
Verleumdung handeln – vielleicht von Seiten der Großdampf-
wäschereibesitzer – aber das kann ich mir auch gar nicht denken –!

FRAU OBERMÜLLER Hat dir denn der Hauptmann gar nichts
gesagt?

OBERMÜLLER Wie kann er denn das? Der Mann tut nur seine
Pflicht, hat einfach Befehl.

FRAU OBERMÜLLER (*zu den Wachsoldaten*) Was ist denn das für
ein Herr Hauptmann? Is er von einem Stab? Oder Gerichts-
offizier?

DHK—K

DER SOLDAT (*mit stark westpreußisch-polnischem\* Akzent*) Weiß ich nich.

FRAU OBERMÜLLER Aber wenn Sie unter seinem Kommando stehen, dann müssen Sie doch wissen, wo er her ist!

DER SOLDAT Nein, weiß nich. Sind wirr gekommen von Schwimmschulenwache Plötzensee, hat uns Herr Hauptmann angehalten auf Straße, abkommandiert zu besondere Aktion in Köpenick. Sonst weiß nicht.

FRAU OBERMÜLLER (*zu Obermüller*) Ja, was hat er dir denn für Legitimation vorgezeigt?

OBERMÜULLER Legitimation? Ja, gar keine. Er ist doch Hauptmann –

FRAU OBERMÜLLER So, und du läßt dich hier einfach ohne Legitimation verhaften? Ohne Ausweis, ohne Haftbefehl? Und wenn's nun ein Irrtum is? Wenn er vielleicht ganz jemand anderen verhaften soll?

OBERMÜLLER Das ist ja ausgeschlossen. Der Mann weiß genau, was er will.

FRAU OBERMÜLLER Aber du nicht! Leider nicht! Telefonier' doch rasch mal zum Kreisamt Teltow, oder zum Landrat –

OBERMÜLLER Ja, das könnte ich wirklich, das heißt, falls man dort überhaupt im Bilde ist –

FRAU OBERMÜLLER Überleg' nicht lang, telefonier'! (*Nimmt den Hörer*)

SOLDAT (*senkt das Bajonett aufs Telefon*) Nein, das kann ich nicht leiden.

FRAU OBERMÜLLER Was können Sie nicht? Haben Sie nicht gehört, daß der Herr Hauptmann gesagt hat, ich kann telefonieren?

SOLDAT Is gewesen vorbei. Das kann ich nicht leiden.

OBERMÜLLER Da hast du's.

FRAU OBERMÜLLER (*legt den Hörer hin*) Tun Sie doch das Bajonett weg, das ist ja schrecklich, ich tu's doch gar nicht.

DER SOLDAT (*grinst, nimmt das Bajonett wieder hoch*)

KILIAN (*kommt herein, sehr wichtig*)

FRAU OBERMÜLLER Was ist, Kilian, wo ist er denn, wissen Sie was?

KILIAN Ich kann keine Auskunft geben.

OBERMÜLLER Was soll das heißen, Kilian, was ist denn das für ein Ton!? Was erlauben Sie sich!?

KILIAN Ich habe Befehl, Herrn Bürgermeister und Herrn Stadtkämmerer als Gefangene nach Berlin zu bringen. Ich habe mit Gefangenen nicht zu sprechen.

OBERMÜLLER Was, *Sie* sollen *mich* – (*sinkt wieder auf den Stuhl*)

VOIGT (*tritt ein*) So. Ich habe zwei geschlossene Wagen requirieren lassen, Sie können im Hof einsteigen, damit kein Aufsehen entsteht. Der Wachtmeister wird den Transport führen.

OBERMÜLLER Herr Hauptmann! Haben Sie eine Legitimation?! Ich verlange auf der Stelle Ihre Legitimation zu sehen!

VOIGT (*klopft mit der Hand auf eins der Bajonette*) Genügt Ihnen das nicht?! – Bitte, keine Widerrede! (*freundlicher*) Sie sind doch Soldat. Sie wissen doch, daß ein Kommando vor Gewehr absolute Vollmacht bedeutet.

OBERMÜLLER (*zur Frau*) Siehst du. (*Sinkt wieder zusammen*)

FRAU OBERMÜLLER Herr Hauptmann, erlauben Sie, daß ich meinen Mann auf dieser schweren Fahrt begleite? Ich kann ihn jetzt nicht allein lassen, – Sie sehen ja.

VOIGT Bitte sehr, gnädige Frau. Nur muß ich Sie bitten, kurz vor der Neuen Wache den Wagen zu verlassen. Ich habe Befehl, nur den *Herrn* Bürgermeister abzuliefern. Ich könnte sonst Unannehmlichkeiten haben.

FRAU OBERMÜLLER Ich danke Ihnen. Ich werde mich fertig machen.

VOIGT (*zu Kilian*) Begleiten Sie die Frau Bürgermeister. (*Verbeugt sich*)

FRAU OBERMÜLLER (*nickt ihm gnädig zu, rauscht von Kilian begleitet hinaus*)

VOIGT Herr Bürgermeister, ich möchte Ihnen ersparen, bewaffnete Grenadiere mitfahren zu lassen. Wollen Sie mir als Offizier Ihr Ehrenwort geben, keinen Fluchtversuch zu machen?

OBERMÜLLER Ich gebe Ihnen mein Ehrenwort. Ich werde –

VOIGT Danke. Das genügt.

OBERMÜLLER Ich werde Ihr korrektes Verhalten bei geeigneter Gelegenheit erwähnen.

VOIGT (*Hand an die Mütze*)

INSPEKTOR (*mit einem Grenadier herein*) Herr Hauptmann, die Ordnung ist völlig hergestellt. Meine Beamten sind Herrn der Lage.

VOIGT Danke. Noch was?

INSPEKTOR Ja, verzeihen Herr Hauptmann, meine Dienststunde ist nämlich jetzt um, und wir haben nur einmal die Woche heißes Wasser, meine Frau hat zu Hause ein Bad gerichtet. Bitte baden zu dürfen.

VOIGT Was wollen Se? Baden wollen Se?

INSPEKTOR Jawohl, Herr Hauptmann. Bitte um Badeurlaub.

VOIGT Na, wenn Sie's nötig haben – (*klopft ihm auf die Schulter*) Badeurlaub gewährt. (*Lacht*)

INSPEKTOR (*ernsthaft*) Danke gehorsamst, Herr Hauptmann. (*Ab*)

VOIGT (*sieht die Soldaten an, die auch gegrinst haben, ihre Mienen erstarren sofort*)

ROSENCRANTZ (*kommt herein, diensteifrig*) Herr Hauptmann, melde gehorsamst, Kassenabschluß beendet. Hier sind die Kassenbücher und hier die gesamten flüssigen Gelder. (*Legt sie auf den Schreibtisch, in Kuverts und Säckchen mit Aufschriften*) Viertausend und zweiundvierzig Mark 50 Pfennige.

VOIGT Danke. Ich nehme das Geld vorläufig in Verwahrung. Wird ja in Ordnung sein. Werde mal stichproben.

EIN GRENADIER (*in der Tür*) Herr Hauptmann, da is einer, der will was.

VOIGT (*Geld zählend*) 'Rein mit ihm!

COMENIUS (*kommt herein*) Verzeihung, Herr Hauptmann, Comenius, Stadtrat Comenius, wir hatten nämlich Sitzung und warten nun schon die ganze Zeit, ich komme als Abgesandter von achtzehn Stadträten, wir haben nämlich alle dringende Verpflichtungen außerhalb, – es handelt sich ja wohl nicht – um – die Bürgerschaft – ich meine, – die Sache ist doch wohl persönliche Verfehlung – oder irre ich?

VOIGT (*zu Rosencrantz*) Sagen Sie mal, da steht ja 4042 Mark 90 Pfennige, und was Sie da abliefern, sind nur 4042 Mark 50! Wie kommt denn das?

ROSENCRANTZ Ja, Verzeihung, Herr Hauptmann, in der Eile, wir haben alles umgedreht, es blieb trotzdem leider eine Differenz von vierzig Pfennigen, ich bitte zu –

VOIGT Na gut. Ich bin ja kein Pedant. Aber ich muß das natürlich vermerken. Sonst glaubt man womöglich, ich hätte mir vierzig Pfennig eingesteckt. (*Lacht leutselig*)

ROSENCRANTZ (*mitlachend*) Aber Herr Hauptmann!

VOIGT (*zu Comenius*) Also die Herren Stadträte haben kalte Füße, was? Na, gehn Sie mal 'runter und sagen Sie, sie können jetzt gehen. Die Aktion ist nun sowieso beendet. (*Zum Gefreiten*) Für die Stadträte Durchlaß gewährt!

COMENIUS Vielen Dank, Herr Hauptmann! (*Ab*)

KILIAN (*in Mantel und Helm*) Herr Hauptmann, die Wagen sind vorgefahren, die Frau Bürgermeister sitzt schon drin.

VOIGT Dann führen Sie die beiden Herren 'runter und fahren Sie los. Sie wissen ja, Neue Wache, Berlin.

KILIAN Zu Befehl, Herr Hauptmann! Herr Hauptmann können sich auf mich verlassen. (*Zu Obermüller und Rosencrantz*) Vorwärts, marsch.

OBERMÜLLER UND ROSENCRANTZ (*werden abgeführt. Man hört von draußen noch Kilians Stimme: Los! Mäntel anziehn! Vorwärts!*)

VOIGT Na, der hat wenigstens 'nen Spaß dabei. Seinen Bürgermeister führt er nich alle Tage ab. (*Er steckt das Geld in die Manteltasche, ruft*) Gefreiter!

DER GEFREITE (*kommt, steht stramm*)

VOIGT Die Aktion in Köpenick ist beendet. In einer halben Stunde ziehen Sie die Wachen ein, marschieren zum Bahnhof, fahren nach Berlin und melden sich auf der Neuen Wache von Köpenick zurück.

DER GEFREITE Zu Befehl, Herr Hauptmann.

VOIGT Sagen Sie Ihren Leuten: es war recht so. Es hat alles ordentlich geklappt.

DER GEFREITE Jawohl, Herr Hauptmann.

VOIGT Hier haben Sie Geld für die Rückfahrt. Vom Rest kaufen Sie in der Bahnhofswirtschaft jedem Mann ein Bier und eine Bockwurst.*

DER GEFREITE Danke, Herr Hauptmann.

VOIGT 'Tag . . . (*Finger an die Mütze, ab. Gefreiter und Soldaten stehen stramm*)

*Dunkel*

## ACHTZEHNTE SZENE

*Personen:* NACHTKELLNER, SCHEUERFRAU, BOLLEFAHRER,* ZWEI
BOLLEMÄDCHEN,* CHAUFFEUR, ZEITUNGSJUNGE,
WILHELM VOIGT

*Aschingers Bierquelle\* in der Neuen Friedrichstraße. Früher Morgen. Die Gaslampe brennt noch, das Lokal ist unaufgeräumt, Stühle auf den Tischen. Ein Ofen in der Ecke. An der Wand überm Ausschank gedruckte Schilder, auf dem einen steht: 'Gepumpt wird nicht!' auf dem anderen, in je zwei Zeilen geteilt, der Spruch: 'Ein Bier allein im Magen, das kann kein Mensch vertragen! Drum soll das Bier bekömmlich sein, stülp einen Schampus hinterdrein!' – Leere Flaschen, ungespülte Gläser, kalter Rauch. Der übernächtigte Kellner, ein verschwiemelter Mensch in einem schmierigen weißen Jäckchen und die Scheuerfrau sind dabei, das Lokal flüchtig aufzuräumen. An der Seite, von Tischen fast verdeckt, auf einer schmalen Wandbank, liegt Wilhelm Voigt in seiner alten Kleidung, wie ein Toter hingestreckt. Man sieht von ihm zunächst nur die Stiefel.*

DER KELLNER (*klettert auf einen Stuhl, zieht am Kettchen den Gashahn zu. Fades Tageslicht fällt herein*)

DIE SCHEUERFRAU (*kehrt Schmutz und Zigarrenstummel zusammen*)

DER KELLNER (*noch auf dem Stuhl*) Seit wir hier Nachtbetrieb haben, gibt es überhaupt keinen Schlaf mehr. Kaum sind die letzten Hocker weg, kommen schon die Frühkutscher. Zu erben is auch nischt dabei. Wer gibt denn heute noch 'n Trinkgeld.

SCHEUERFRAU (*ist beim Kehren in Voigts Nähe gekommen*) Was is denn mit dem?

KELLNER Der liegt schon seit gestern abend. Is halt ein Penner. Ick werd' ihm 'nen Bierrest in die Fresse kippen.

SCHEUERFRAU Na, laß mal. Vielleicht is er krank.

KELLNER Dann soll er in die Charité.* Wenn Leute kommen, muß er 'raus. (*Draußen rollen und klingeln die Milchwagen, läuft eine Trambahn an*) Na, nun geht's schon los.

EIN BOLLEFAHRER (*mit dickem, rotem Gesicht, kommt herein, hinter ihm zwei Bollemädchen, in blauen Kittelschürzen, mit der gestickten Aufschrift: 'Frische Milch!'*)

DER FAHRER Fritze, meine Morgenladung! Kommt, Kinder, ick spendier' euch 'ne heiße Wurst. (*Singt*) 'Glücklich ist, wer verfrißt, was nicht zu versaufen ist!'* Das is nämlich mein Wahlspruch. Das Wichtigste im Leben is die gesunde Grundlage.

DIE MÄDCHEN (*lachen, setzen sich*)

DER KELLNER (*hat dem Fahrer ein großes Glas voll Kognak eingeschenkt*) Hier hast du deine Morgenladung. Kriegen die Damen auch 'nen Kognak?

DIE MÄDCHEN Nee, nee, um Gottes willen.

DER KELLNER Was heißt hier, um Gottes willen, seid froh, daß der liebe Gott 'nen Kognak wachsen läßt: denn die wärmsten Jäckchen sind die Konjäckchen.

KELLNER (*bei Voigt*) Los! Aufstehn! Verzehrt hast du nischt, bezahlt is auch nich! Hier is keine Penne!

DER FAHRER Guck mal, das is ja mein ausgestorbener Onkel, den se vor fünfzig Jahren in Amerika aus 'ner Postkutsche verloren haben! Morgen, Alter!

DIE MÄDCHEN *(lachen)*

VOIGT *(richtet sich auf. Wie betäubt)*

DER FAHRER *(hält ihm sein Glas hin)* Hier, stärk' dir mal, Junge.

VOIGT *(schüttelt den Kopf)*

KELLNER *(schreit ihn an)* Was is denn nun? Nehmen Se was, oder gehn Se weg?!

VOIGT Ein Kaffee.

FAHRER Das is ein Blaukreuzler,* das hab' ick dem gleich ange-rochen.

> *(Von draußen hört man die Stimme des Chauffeurs, der laut lachend mit einem andern spricht. Gleich darauf kommt er herein, hält eine Zeitung in der Hand)*

CHAUFFEUR Kinder!! Kinder, das is 'ne Sache, was? Ick lach' mir tot, Kinder, ick hab' schon keine Puste mehr.

> *(Läßt sich lachend auf einen Stuhl fallen)*

FAHRER Was denn, hat deine Alte ein Kind gekriegt, oder was?

CHAUFFEUR Was, das wißt ihr noch nich, habt ihr denn hier noch keine Morgenzeitung? Kommt mal in die Stadt 'rein, Mensch, da is es schon an den Litfaßsäulen,* und wo ein Extrablatt 'rauskommt, da treten se sich die Zehen ab!

FAHRER Das kenn' ick ja längst, zeig's mal her, was is denn – Was soll denn da sein, der Hauptmann von –

CHAUFFEUR Köpenick! Der Hauptmann von Köpenick, also ick bin ein Berliner, aber das is noch nich dagewesen! Nee nee, ick hab' im Leben nich mehr gelacht!

FAHRER *(hat inzwischen gelesen, lacht auch, Kellner, Mädchen und Scheuerfrau umdrängen ihn von hinten, schauen in die Zeitung)* Junge, da staun' ick ja, und ick staune nie! Bravo! So is recht! 'nen ganzen Magistrat verhaftet, in den Keller gesperrt, 'nen Bürgermeister in Handschellen durch die Gassen getrieben – fünfzig Soldaten vom Exerzierplatz wegkommandiert, 'ne ganze Stadt umzingelt – und dann war's ein falscher!!

SCHEUERFRAU Na so 'ne Gemeinheit!!

CHAUFFEUR Gemeinheit? Das is ein ganz heller Junge, das is ein Gelehrter oder mindestens ein Politischer, da sollst du mal sehn, was da noch nachkommt, der stellt noch die ganze Welt auf den Kopf! Hörst du? Schon wieder 'n Extrablatt! *(Ein Zeitungsjunge rennt draußen vorbei)*

ZEITUNGSJUNGE Extrablatt!! Das Neueste vom Hauptmann von Köpenick!! Extrablatt! Der Hauptmann von Köpenick nicht verhaftet!! Extrablatt! Das Neueste vom Köpenicker Kriegsschauplatz! Der Hauptmann von Köpenick zum General befördert! Extrablatt! Die Frau Bürgermeister als Mitschuldige?!! Extrablatt!! Das Neuste vom Hauptmann von Köpenick –

CHAUFFEUR Adieu! Das muß ick lesen! *(Er stürzt hinaus)*

DER FAHRER Halt, ick komm' nach, das muß ick auch haben, halt' ihn fest!!

DIE MÄDCHEN *(sind auf die Straße gerannt, der Kellner und die Scheuerfrau hinterher. Alle rufen und laufen hinter dem Zeitungsjungen drein, verschwinden)*

DER FAHRER *(klatscht die Zeitung, die er noch in der Hand hält, vor Voigt auf den Tisch)* Hier, Penner, lies mal, das is besser wie 'n heißer Kaffee. Alter Doofkopp, lachen hast du wohl auch nich gelernt, hast du wohl gefehlt bei in der Schule! *(Ab, hinter den andern her)*

VOIGT *(bleibt allein. Starrt erst unbeweglich auf die Zeitung, plötzlich reißt er sie an sich, liest. Seine Kiefer bewegen sich lautlos. Dann spricht er halblaut mit, immer stiller werdend)* '– und so mag dieser tolle Spaßvogel, über den heute die ganze Welt lachen wird, nun schon in Sicherheit sein und die Beute seines fröhlichen Raubzugs lachend genießen . . .' Haben die 'ne Ahnung* . . . *(Läßt den Kopf auf die Arme sinken)*
*(Draußen kommen die Leute mit dem Extrablatt zurück. Durch die offene Tür hört man den Fahrer vorlesen)*

FAHRER Steckbrief – Kinder, paßt auf, da können wir reich von werden – (*Er liest, nach jeder seiner Aufzählungen schallendes Gelächter der andren*) 'Mager und knochig – gebeugte Kopfhaltung – schiefe Schulter – bleiches häßliches Gesicht – krankhaftes Aussehen – eingefallene Wangen – vorstehende Backenknochen – tiefliegende Augen – schiefe knollige Nase – etwas krumme, sogenannte O-Beine – die Hände schmal und weiß – ' Kinder, das paßt auf meinen verstorbenen Ziehhund – bis auf die Pfoten!

(*Tolles Gelächter draußen*)

VOIGT (*sitzt unbeweglich*)

*Dunkel*


## NEUNZEHNTE SZENE

*Personen:* KOMMISSAR, UNTERSUCHUNGSGEFANGENER STUTZ, KRIMINAL-INSPEKTOR, OBERWACHTMEISTER, PASS-KOMMISSAR, VOIGT, KRIMINAL-DIREKTOR

*Vernehmungszimmer im Berliner Polizeipräsidium. Nüchterner Raum mit Schreibtisch, Sessel, Stühlen. Der Kriminalinspektor sitzt im Sessel, der Kommissar seitlich am Tisch, der Untersuchungsgefangene Stutz, ein militärisch aussehender Hochstapler mit aufgezwirbeltem Schnurrbart, steht vor ihnen.*


KOMMISSAR Also, Sie leugnen weiterhin jeden Zusammenhang mit der Tat in Köpenick?

STUTZ Ich leugne gar nichts. Ick war's nich.

KOMMISSAR Aber Sie geben doch zu, daß Sie am fraglichen Tag in Köpenick waren.

STUTZ Natürlich. Da hab' ick doch meine Braut zu wohnen.

KOMMISSAR Na gut. (*Mit gespielter Gleichgültigkeit, um ihn zu überrumpeln*) Die Uniform hatten Se doch schon lange, was?!

STUTZ Herr Kommissar, ick will Ihnen mal was sagen. Wenn ick's nun wirklich gewesen wäre – so könnten Se mir nich fangen! So nich! Sie nich! Mir nich!

INSPEKTOR Lassen Sie den Mann abführen, das hat ja keinen Zweck.

KOMMISSAR (*drückt auf eine Klingel, Polizist erscheint*) Abführen.

POLIZIST (*mit Stutz ab*)

INSPEKTOR Mit Überraschung kommen Se bei so gehauten Jungens nicht weiter. Außerdem paßt er ja gar nicht auf den Steckbrief.

KOMMISSAR Deshalb ist mir der Kerl ja grade verdächtig. Sie wissen, ich habe eine andre Theorie. Das war doch alles Maske. Ich bleibe daher, wir müssen unter gedienten Soldaten oder sogar geschaßten Offizieren nachforschen, ein anderer bringt das ja gar nicht fertig.

INSPEKTOR Wir sollten überhaupt die ganze Sache aufstecken. Dabei können wir uns höchstens blamieren.

KOMMISSAR Nee, Herr Inspektor, da kann ich nich mit.* Für mich is das Prestigefrage. Wenn ich mit so 'ner Sache betraut bin und kann se nich lösen – wozu bin ich dann kaiserlicher Polizeikommissar?

INSPEKTOR Der Kaiser is gar nich so scharf auf die Sache. Im Gegenteil! Haben Se den Geheimbericht nich gelesen? Gelacht hat er, wie man's ihm vorgetragen hat, und stolz war er noch drauf! Mein lieber Jagow,* hat er zum Polizeipräsidenten gesagt, da kann man sehen, was Disziplin heißt! Kein Volk der Erde macht uns das nach! – Da haben Se's.

KOMMISSAR Der hat gut lachen. Meine Karriere ist futsch, wenn ich nichts erreiche. (*Es klopft*) Herein!

EIN OBERWACHTMEISTER (*atemlos*) Wir haben ihn! Verzeihung, Herr Inspektor, ich bringe die Meldung, daß –

KOMMISSAR (*ist aufgesprungen*) Wen? Den Hauptmann?!

OBERWACHTMEISTER Jawohl, Herr Kommissar. Er ist soeben in der Paßabteilung verhaftet worden.

INSPEKTOR Ach was. Das ist nun die vierzigste Verhaftung.

OBERWACHTMEISTER Er hat aber schon gestanden.

INSPEKTOR Geständnisse hab' ich dutzendweise liegen. (*Haut auf einen Aktenstoß*) Da können ruhig noch ein paar dazu.

OBERWACHTMEISTER Er hat doch das Versteck der Uniform angegeben.

KOMMISSAR Donnerwetter! Wo steckt er denn?

OBERWACHTMEISTER Drunten im Untersuchungsraum. Soll er vorgeführt werden?

KOMMISSAR Rasch! rasch!!

OBERWACHTMEISTER (*ab*)

INSPEKTOR Machen Se sich nur keine Hoffnungen. Ausgerechnet in der Paßzentrale. Der Kerl wird doch nicht so dumm sein –

KOMMISSAR (*ruhelos umherlaufend*) Wie kommen die überhaupt dazu – das wär' ja ein starkes Stück – is doch unser Ressort!

INSPEKTOR Aber es wird ja wieder nichts sein.

(*Es klopft*)

KOMMISSAR (*aufgeregt*) Herein!!

(*Herein tritt der Kommissar von der Paßzentrale, hinter ihm Wilhelm Voigt, ohne Fesseln, von zwei Schutzleuten flankiert. Er bleibt wie unbeteiligt, aber still und ernsthaft, in der Nähe der Tür stehen*)

PASS-KOMMISSAR (*höhnisch*) Meine Herren, ich bringe Ihnen den Hauptmann von Köpenick. Sie brauchen ihn nur zu verhaften.

KOMMISSAR Der?! – So sehn Sie aus!* (*Setzt sich*)

INSPEKTOR Wie kommen Se denn darauf, daß er das sein soll?

PASS-KOMMISSAR Er hat's ja selbst erklärt.

INSPEKTOR (*lacht*)

KOMMISSAR Nee, nee. Dann schon eher der von vorhin.

INSPEKTOR Na, berichten Se mal.

PASS-KOMMISSAR Also um elf Uhr dreißig meldet sich dieser Mann in der Paßzentrale, verlangt den diensthabenden Kommissar zu sprechen, er habe eine wichtige Anzeige zu machen.

Ich lass' ihn 'reinkommen, frag' ihn, was er will, da macht der Mann eine höchst merkwürdige Erklärung. Ich habe sie genau protokolliert. (*Liest vor*) Er sei der vorbestrafte Wilhelm Voigt und brauche unbedingt einen Paß. Wenn ich ihm verspreche,. daß er später einen Paß bekommt – er sagte ausdrücklich 'später' –, dann könne er mir den Hauptmann von Köpenick zur Stelle schaffen. Na, ich hab' mir gedacht, verspechen kann man alles, zunächst den Mann mal zum Reden bringen.

INSPEKTOR (*unterbricht ihn*) Das hätten Sie nicht tun dürfen! Einfach verhaften! Wenn er was Zweckdienliches weiß, dann is es ja seine Pflicht, es anzugeben! Dafür hat er nichts zu verlangen.

PASS-KOMMISSAR Ja, und dann kriegen Se Ihr Lebtag* nichts aus ihm heraus. Das kennt man doch!

KOMMISSAR Das ist überhaupt unser Ressort, was hat denn das mit Paßgeschichten zu tun!

PASS-KOMMISSAR Bitte, ich hab' mich nicht in Ihr Ressort gedrängt, Sie hätten ihn ja längst verhaften können, der Mann läuft seit vierzehn Tagen frei in Berlin herum!

INSPEKTOR Zur Sache! Zur Sache!

PASS-KOMMISSAR Na ja, ich hab' ihm halt 'n Paß versprochen, ich dachte, wenn ihm keiner zusteht, dann war das eben ungültig. Da sagt er: 'So, den Paß werd' ick dann später erheben, nun nehmen Se mir mal fest, ick bin es selber.' Hat er wörtlich gesagt.

INSPEKTOR Blödsinn. Interessantmacherei. Der will ein paar Tage unter Dach, bei dem kalten Wetter.

PASS-KOMMISSAR Dacht' ich auch. Sie wollen der Hauptmann von Köpenick sein? sag' ich zu ihm. Und wo is denn die berühmte Uniform? – Die liegt im Schlesischen Bahnhof, Handgepäckaufbewahrung, sagt er und gibt mir 'nen Schein mit der Nummer. In 'ner großen Pappschachtel wär' se. Na, ich hab' mal gleich hingeschickt. (*Setzt sich, lächelt ironisch*) Nun, was halten die Herren von der Sache?

INSPEKTOR (*zu Voigt, der unbeachtet zwischen den Schutzleuten am Eingang steht, streng und barsch*) Können Sie beweisen, daß Sie der Hauptmann von Köpenick sind?

VOIGT Nee, das kann ick nich. Das müßten ja Sie können. Ick bin ja kein gelernter Kriminal.*

KOMMISSAR Halten Se den Schnabel!

PASS-KOMMISSAR (*lacht*)

INSPEKTOR Frechheit so was. Der reine Bluff. Sie werden ja sehn, was da am Schlesischen Bahnhof – (*Das Telefon schrillt. Er nimmt den Hörer ab*) Hier Zimmer I B. Was?! Das ist ja – sofort, sofort herbringen, per Auto!! (*Legt den Hörer hin*) Sie haben die Uniform –!

ALLE DREI (*sehn sich an, schweigen*)

PASS-KOMMISSAR Na, das is wohl immer noch kein Beweis?

KOMMISSAR Also wir müssen ihn sofort –

INSPEKTOR Psst! Ich übernehme selbst das Verhör. (*Zum Paß-Kommissar*) Ich danke Ihnen, Herr Kollege. Würden Sie die Güte haben, den Chef zu benachrichtigen?

PASS-KOMMISSAR Gerne, ich werd' mal 'raufgehen und werd' ihn schonend vorbereiten. (*Geht*)

KOMMISSAR Aber tun Se ja nich so, als ob das Ihr Verdienst wäre, is doch der reine Zufall.

PASS-KOMMISSAR Selbstverständlich, Herr Kollege. Ich gratuliere Ihnen zu diesem ungewöhnlichen Zufall. (*Ab*)

INSPEKTOR (*ist inzwischen auf Voigt zugegangen, hat den Polizisten ein Zeichen zum Verschwinden gegeben*) Nun, mein lieber Freund, kommen Se mal ein bißchen näher, setzen Se sich mal, sprechen Se sich in Ruhe aus, Sie haben uns doch gewiß recht viel zu erzählen – rauchen Sie?

VOIGT (*erstaunt*) Nee, danke.

INSPEKTOR (*ruft einem der Polizisten nach*) Holen Se mal rasch 'ne halbe Flasche Portwein aus der 'letzten Instanz'.* Lassen Se's für mich aufschreiben. (*Schaut rasch in das Protokoll des Paß-Kommissars*) Wilhelm Voigt. – Also Ihre Selbststellung, Herr

Voigt, macht Ihnen alle Ehre, das will ich zunächst mal fest-
stellen. Das Gewissen und die Reue haben Sie zu diesem
Schritt getrieben, nicht?

VOIGT Das nun grade nich. Es is nur wegen dem Paß. In Köpenick war ja keiner. Und einmal muß ick dazu kommen, das
muß ick.

INSPEKTOR Und Sie glaubten wirklich, daß man Ihnen hier einen
Paß gibt und Sie dann laufen läßt?

VOIGT Nee, nee, ick weiß schon Bescheid, mir werden Se doch
nich laufen lassen. Aber dann, wenn ick wieder 'raus bin, dann
können Se mir den Paß nich mehr verweigern. Versprochen is
er. Das is nun 'ne öffentliche Angelegenheit.

INSPEKTOR (*jovial*) Da schau her. Sie sind ja ein ganz Schlauer.
(*Leise zum Kommissar*) Mitstenographieren! (*Zu Voigt*) Also das
müssen Sie mir nun mal erklären – mit dem Paß.

VOIGT Da is gar nichts zu erklären bei. Ick brauch' ihn endlich,
damit ick mal zu 'nem richtigen Leben komme. Ick hab' das
satt, wissen Se.

INSPEKTOR Wie alt sind Sie denn?

VOIGT Ick geh' ins Siebenundfunfzigste.

INSPEKTOR Aha! Und da sehen Sie einer – doch wohl unver-
meidlichen Freiheitsstrafe so ruhig ins Auge?

VOIGT Warum nich? Das geht vorüber, das bin ick gewohnt. Aber
das 'Rumlaufen ohne Paß und das Versteckspielen, und die
ganze Schinderei, das kann ick nun nich mehr mitmachen. Das
kann ick nich mehr.

INSPEKTOR Aber – Sie hatten doch das Geld, über viertausend
Mark, das is doch 'ne ganze Menge.

VOIGT (*greift in die Brusttasche, holt ein Paket heraus*) Da is es.
Allerdings nich mehr ganz vollzählig. Ick mußte ja leben, und
ick hab' auch ein paar neue Stiefel gebraucht. Im ganzen hab'
ick dreiundachtzig Mark entnommen. Die Abrechnung liegt
bei.

INSPEKTOR Na, sagen Se mal, damit hätten Se doch weit reisen
können!

VOIGT Und wenn's dann alle is, da steh' ick wieder da. Über die Grenze wär' ick mit Geld schon gekommen, aber dann kann ick nich mehr zurück, und muß mir in fremder Erde begraben lassen. Nee, nee, 'nen Paß will ick, und dann will ick meine Ruhe. (*Der Polizist mit der halben Flasche Portwein*)

POLIZIST Soll ich gleich aufkorken, Herr Inspektor?

INSPEKTOR Natürlich, der Voigt muß sich mal ein bißchen stärken auf den Schreck.

VOIGT Ick bin gar nich verschrocken. Ick hatte mir das genau so vorgestellt. Nur, daß die Herrn so freundlich mit mir sind, das bin ick nich gewohnt.

INSPEKTOR (*biedermännisch*) Aber mein guter Voigt, das is doch selbstverständlich, hier wird doch keiner gebissen!

VOIGT Na na.

INSPEKTOR So, trinken Se mal.

VOIGT Ich trinke eigentlich nichts auf den nüchternen Magen.*

INSPEKTOR Wachtmeister! 'ne Schinkenstulle. Trinken Se nur mal, das kann Ihnen nichts schaden.

VOIGT Na, ick will ja kein Spielverderber sein. Prost, Herr Inspektor! (*Trinkt*)

INSPEKTOR So is recht. – Haben Se sich den gar nicht mal ein bißchen was geleistet von dem Geld?

VOIGT Doch, ick hab' in 'nem ganz ordentlichen Gasthof gewohnt. Nur die erste Nacht hab' ick bei Aschinger verpennt. Da war ick todmüde, da bin ick einfach umgefallen.

INSPEKTOR Nee, ich meine, mal 'n tüchtigen Rausch, oder so 'n richtigen großstädtischen Betrieb oder so was?

VOIGT Da mach' ick mir wenig draus. (*Etwas vertraulicher*) Ick möchte meine Ruhe haben, und meine Freiheit, verstehn Se! Das schmeckt aber gut. (*Trinkt*)

DER KRIMINAL-DIREKTOR (*kommt eilig herein. Dicker älterer Herr*) Wo is er? Ach – (*Er starrt Voigt an*)

INSPEKTOR Jawohl, Herr Direktor, das is er! (*Zwinkert ihm zu*) Ein reizender Mensch, er sagt uns alles ganz offen. Ich habe ihm mal 'ne kleine Stärkung kommen lassen.

DIREKTOR Das is recht! (*Zu Voigt, der höflich aufgestanden ist*) · Aber bleiben Se doch sitzen, mein Lieber! Setzen Se sich doch wieder!

VOIGT Gewiß, wenn Sie auch ein bißchen Platz nehmen wollen.

DIREKTOR (*lachend*) Aber natürlich, wir wollen doch mal zusammen plaudern, nich? Trinken Se doch mal!

VOIGT Ja, danke, das is ausgezeichnet. Ick trinke sonst nie, wissen Se, ick bin das eigentlich nich gewohnt –

DIREKTOR Na, wenn's Ihnen nur schmeckt, das is die Hauptsache.

VOIGT Prost, Herr Direktor! Das lass' ick mir gefallen.
   (*Er lacht aber nicht, bleibt immer still und gleichmäßig*)

INSPEKTOR (*leise*) Wir haben alles mitgeschrieben. Es handelt sich offenbar um einen Geisteskranken. (*Laut zu Voigt*) Na, nun erzählen Se mal dem Herrn Direktor, mein lieber Voigt, wie Se überhaupt zu der ganzen Sache gekommen sind!

VOIGT Das is doch ganz einfach. Da braucht' ick nich erst zu kommen, das kam gewissermaßen zu mir.

DIREKTOR Aber wie kamen Se denn auf die Idee, als falscher Hauptmann so 'n Ding zu drehn?

VOIGT Na, das weiß doch ein Kind, daß man bei uns mit dem Militär alles machen kann. Das hab' ick immer gewußt.

DIREKTOR Und ausgerechnet in Köpenick! Wie kommen Se denn grade nach Köpenick?

VOIGT Das war das nächste auf der Bahnstrecke. Aber das war ein Fehler von mir. Da gibt es nämlich keine Paßabteilung, in Köpenick. Wenn ick das bedacht hätte, dann wär' ick nach Teltow, ins Kreisamt.

DIREKTOR Da haben die Teltower ja noch mal Dusel gehabt.

VOIGT Dann hätt' ick nämlich 'nen Paß, dann könnten Se mir nich hier bewirtschaften. (*Trinkt*)

DIREKTOR (*sieht Voigt an*) Das muß ein schöner Trottel sein, der Herr Bürgermeister Obermüller!

VOIGT Sagen Se das nich, Herr Direktor! Der Mann is gar nich so uneben.* Das wär' Ihnen genau so ergangen – das liegt in der Natur der Sache.

DIREKTOR Na ja, schon gut. Aber sagen Se mal, woher hatten Se denn das alles, das ganze militärische Kommando, das hat doch alles bis ins kleinste geklappt!

VOIGT Wissen Se, Herr Direktor, das is weiter nischt, so 'ne Uniform, die macht das meiste ganz von alleine. Und in Zuchthaus Sonnenburg, da haben wir in den Freizeiten immer die Felddienstordnung zu lesen gekriegt, und das Exerzierreglement. Da hatt' ick mir immer sehr für interessiert.

DIREKTOR Und da hatten Sie gar nichts weiter vorbereitet? Da sind Sie einfach hingegangen und haben auf der Straße die erste beste Wache angehalten und sind damit nach Köpenick gefahren?

VOIGT Ick hab' mir die Uniform angezogen – und dann hab' ick mir 'n Befehl gegeben – und dann bin ick losgezogen und hab' ihn ausgeführt.

DIREKTOR Glück haben Se gehabt, das muß man sagen.

VOIGT Das gehört zur Kriegführung, Herr Direktor. Glück is die erste Fordernis der Feldherrngabe, hat Napoljon gesagt.

DIREKTOR An Ihnen is ja nun wirklich ein kleiner Napoleon verloren gegangen. (*Schenkt ihm ein*) Trinken Se nur!

VOIGT Danke, danke, ick spür's schon ein bißchen. Aber das schmeckt extragewöhnlich gut. (*Riecht daran*) Das könnt' ick mir direkt angewöhnen.

DIREKTOR (*lachend*) Wenn Herr Hauptmann nur mit uns zufrieden sind.

VOIGT Das bin ick. So gut is mir noch nich gegangen auf dem Amt. Sonst haben se mir immer nur eingesperrt oder 'rausgeschmissen.

EIN POLIZIST (*in der Tür*) Die Uniform ist zur Stelle.

DIREKTOR 'reinbringen! Die müssen wir sehn. (*Während die Pappschachtel gebracht und ausgepackt wird*) Wo hatten Se die eigentlich her?

VOIGT Aus der Grenadierstraße von 'nem Kleiderjuden. Die hab' ick gekauft, das is mein rechtmäßiges Eigentum!

KOMMISSAR So, da hat sich aber keiner gemeldet, trotz unserer Anschläge. Die haben Se wohl umsonst gekauft, was? (*Macht die Bewegung des Klauens*)

VOIGT (*mit ruhiger Würde*) Mein lieber Herr, ick hab' in meinem Leben noch keinem Mitmenschen was weggenommen. Ick habe immer nur mit der Behörde gekämpft.

DIREKTOR (*hat die Uniform herausgenommen, hält den Rock hoch*) Tatsächlich! ein echter Garderock, von 'ner Potsdamer Firma, ein tüchtiges Alter hat se auf dem Buckel.

VOIGT (*hebt das Glas*) Aber für ihre Jahre is se noch ganz tauglich, was? (*Trinkt der Uniform zu*)

DIREKTOR Hören Se mal, ziehn Se se mal an, wollen Se? Nur den Rock, das genügt! Den Rock und die Mütze – das möcht' ich doch mal sehn!

VOIGT Gerne, wenn's Ihnen Vergnügen macht. Ich kann se nochmal anziehn. Geben Se mal her. (*Zieht seinen Rock aus*)

DIREKTOR (*leise zum Polizisten*) Ein Photograph, bitte. (*Laut zu Voigt*) Darf ich helfen, Herr Hauptmann?

VOIGT Nee, danke, das geht schon! (*Er schlüpft in den Rock, knöpft zu, setzt die Mütze auf*)

DIREKTOR (*kann sich das Lachen kaum verbeißen*) Das is ja großartig. (*Zu den anderen*) Das fährt einem in die Knochen, da steht man von selber stramm, was?

VOIGT (*legt lässig die Hand an den Mützenschirm*) Danke. Lassen Se rühren.*

DIREKTOR, INSPEKTOR UND KOMMISSAR (*zusammenstehend, lachen einfach los. Auch die Polizisten grinsen*)

VOIGT (*ganz ernst*) Verzeihung, Herr Direktor, ick hätt' 'ne Bitte.

DIREKTOR Natürlich, was denn, sagen Se's nur!

VOIGT Kann ick vielleicht mal 'n Spiegel haben? Ick habe mir nämlich noch nie in Uniform gesehen.

DIREKTOR Noch nie – is ja fabelhaft! Haben Se gar keine Probe gemacht vorher?

VOIGT Nee, da war kein Spiegel drin, wo ick mir umgezogen habe.

DIREKTOR Rasch, 'n Spiegel, den großen aus der Garderobe. Na, Sie werden staunen!

VOIGT Da muß ick mir nun mal stärken vorher. Darauf muß ick mir vorbereiten. (*Nimmt sein Portweinglas, füllt es, trinkt*)

DIREKTOR (*wischt sich die Augen*) Meine Herren, das ist die schönste Stunde meiner dreißigjährigen Dienstzeit.

POLIZIST (*mit dem Spiegel*)

DIREKTOR Da stellen Se ihn hin! So, Herr Hauptmann, nun schaun Se sich mal an, da kriegen Se Respekt vor sich!

VOIGT (*tritt vor den Spiegel, das Portweinglas in der Hand. Er steht mit dem Rücken zum Publikum. Direktor tritt mit den anderen beiseite, beobachtet ihn. Voigt steht zuerst ganz ruhig, – dann beginnen seine Schultern zu zucken, ohne daß man einen Laut hört, – dann beginnt seine Gestalt zu schüttern und zu wanken, daß der Portwein aus dem Glas schwappt – dann dreht er sich langsam um – lacht – lacht immer mehr, lacht übers ganze Gesicht, mit dem ganzen Körper, aus dem ganzen Wesen – lacht, bis ihm der Atem wegbleibt und die Tränen herunterlaufen. Aus diesem Lachen formt sich ein Wort – erst leise, unverständlich fast, dann immer stärker, deutlicher, endgültiger – schließlich in neuem, großem, befreitem und mächtigem Gelächter alles zusammenfassend*) Unmöglich!!

*Dunkel, Vorhang*

*'Kommt mit'*, sagte der Hahn,
*'etwas Besseres als den Tod*
*werden wir überall finden!'*

BRÜDER GRIMM, DIE BREMER STADTMUSIKANTEN

# Notes

Abbreviations: sl. = slang; dial. = dialect; coll. = colloquial; lit. = literally; mil. = military

## FIRST ACT

**p. 31. Potsdam:** Small garrison town a few miles south-west of Berlin, former residence of the kings of Prussia, came to be a symbol of Prussian and German militarism.

**Couleur:** Uniform of the traditional student fraternities, the so-called 'Verbindungen' or 'Burschenschaften'.

**p. 32. 'nen tollen Stiefel:** (sl.) 'a pretty penny'.

**Sagen Sie!** 'That's what *you* say!'

**da is nisch dran zu klimpern:** 'there's no getting round it'.

**p. 33. Finger lang und Luftklappe geschlossen:** lit. 'Fingers along the seams of the trousers and keep your trap shut'; sl. for 'standing at attention'.

**der Schliff, der Schnick, der Benimm:** military sl. for 'polish, smartness, good manners' (=Benehmen).

**Halten Se'n Rand!** 'shut your trap!'

**wo liegt der Hund begraben?** 'What's the snag?'

**p. 34. Mach' ein bißchen:** 'Hurry up!' 'Get on with it!'

**p. 35. Meine Rede:** 'Just what I say!'

**Der alte Fritz:** popular nickname for Frederick the Great.

**Der kategorische Imperativ:** fundamental axiom of Kant's ethics, postulating an absolute moral law, independent of inclination or ulterior motive. This philosophical concept is here popularly identified with the Prussian ideal of rigid discipline and self-denying service of the State.

**Zum Piepen!** 'That's a scream!'

**p. 37. Potsdamer Glockenspiel:** chime on Potsdam garrison church, which used to play the tune of the song 'Üb' immer Treu und Redlichkeit' (similar to Papageno's 'Ein Mädchen oder Weibchen' from Mozart's *Zauberflöte*).

**p. 38. Wuhlheide:** country district east of Berlin.

**Plötzensee:** prison outside Berlin.

**Ein ganz schwerer Junge:** 'a tough case'.

**Plötze:** short for 'Plötzensee' (see above).

**p. 39. Posturkundenfälschung:** fraudulent tampering with post-office form, in this case money-order.

**eingesponnen:** (sl.) imprisoned.

**p. 40. da war ick gut unter:** (dial.) 'there I was well off'.

**haben tu' ick schon noch:** emphatic, 'I *do* have', 'I certainly have'.

**p. 41. Melde– und Paßvergehen:** criminal offence concerning police registration and passport.

**p. 42. da hauen se mir gleich raus:** (sl.) 'They throw me out at once.'

**Das schlagen Sie sich mal aus dem Kopf:** 'Get that out of your head.'

**zuständig:** competent, authorized.

**Alex:** popular name for Berlin police headquarters, which were at 'Alexanderplatz'.

**abgehängt:** lit. 'unhinged', 'detached'; here: 'no longer registered'.

**p. 43. Zuständigkeit:** here 'official recognition'.

**da haben se mir rausgeflammt:** (sl.) 'they chucked me out'.

**Machen Se mal 'nen Punkt:** lit. 'Make a full stop', i.e., 'stop talking'.

**Meldung:** Police registration.

**Da können Se Gift drauf nehmen!** (coll.) 'You may take your oath on that!' 'You bet your life!'

**p. 44. Friedrichstraße:** Main street in centre of Berlin.

**Wannsee:** Fashionable suburb west of Berlin.

**im Grünen:** 'in the open'.

**Zoo:** station near the Zoological Garden.

**p. 45. Moabit:** district and prison in North Berlin.

**rote Grütze:** popular dish, a kind of blancmange made from raspberries.

**sein Sohn sein Bett:** coll. for 'dem Bett seines Sohnes'.

**Dom:** Berlin cathedral near the former imperial palace.

**Untern Linden:** famous street in centre of Berlin.

**Passage:** shopping arcade nearby.

**hab mir seitwärts in die Büsche geschlagen:** 'I slipped off'.

**Du bist 'ne Nummer:** (sl.) 'You're a card!'

**p. 46. die letzten Morikaner:** ref. to F. Cooper's book, *The Last of the Mohicans*, well-known in Germany under the title *Die letzten Mohikaner*; here meaning: 'my last penny'.

**Bleib' in Schale:** lit. stay in your shell, meaning: 'keep up appearances'.

**dann is nischt zu wollen:** 'Then you're finished'.

**Klamottentempel:** (Klamotten—sl. for clothes) i.e., 'tailor's shop'.

**des Kaisers Rock:** popular term for 'uniform'.

**'n blauen Lappen:** a 100 Mark banknote, which used to be blue.

**Klimbim:** (sl.) here: 'trappings'.

**Pollacken:** nickname for Poles.

**Kammer:** quartermaster's store.

**p. 47. Posen:** town in East Germany, now Polish 'Poznan'.

**hopp genommen:** (sl.) arrested.

**Schmiere:** (thieves' sl.) 'watch', 'look-out'.

**da gehst du verschütt:** (from verschütten—to spill), sl. for 'you are done for'.

**Knastschieber:** (sl.) (Knast – sentence, prison); ' jail-bird'.

**'n Ding drehn:** (thieves' sl.) 'to pull off a job'.

**p. 48. verpassen:** 'treat to . . .'

**Karambolage, Rückwärtser, linken Effet:** technical terms from billiards.

**p. 49. Allasch:** a Kümmel liqueur.

**Nich so fett wie sonst bei Juden:** sl. phrase, referring to proverbial predilection of Jews for rich food.

**da macht man Figur:** 'one cuts a figure'.

**Staatsbürgerkluft:** (mil. sl.) 'mufti'.

**Billardfritze:** 'Fritze'—popular term in the sense of 'chap', 'bloke'.

**p. 50. ganz ohne von vorne:** 'from scratch'.

**auf'm Kasten:** 'on one's guard'.

**bunten Rock:** popular term for 'uniform'.

**aktiv:** 'in the regular army'.

**Wöhlchen, Prösterchen . . . gereichen:** coll. expressions when drinking someone's health, esp. among students and officers.

**Plörösenmieze:** (from French *pleureuse*—'weeper', orig. widow's veil; elaborate ostrich feather adorning hat), nickname for a somewhat dubious lady.

**p. 51. Sanatorium:** here euphemism for 'gaol'.

**p. 51. Ick bin so frei:** 'I take the liberty'.

**p. 53. Morgenstund' is . . . and Müßiggang hat . . .:** deliberate mixing-up of two proverbs: 'Morgenstunde hat Gold im Munde', and 'Müßiggang ist aller Laster Anfang'.

> **Das is mir piepewurstegal:** (sl.) 'I don't give a damn!'
>
> **Korn:** corn brandy.

**p. 54. Marie:** sl. for 'money'.

> **beschmettert:** sl. for 'drunk', 'soaked'.
>
> **bunten Fell:** popular term for 'uniform'.
>
> **Märker:** (sl.) plural of Mark.
>
> **da is nischt mehr zu wollen:** 'you can't do anything about it'.
>
> **'Glaubst du denn . . .':** popular Berlin song.
>
> **Du hast wohl 'n kleinen Webfehler etc. . . . .:** (Berlin sl.) 'You're crackers', 'off your head'.

**p. 55. Kamuffel:** sl. term of contempt.

> **Dem . . . die Eisbeine knicken:** 'I'll break his limbs'.
>
> **Nehmen Se die Knochen zusammen!** Mil. sl. for 'pull yourself together!'

**p. 56. Gib ihm Saures!** (sl.) incitement to fight, 'Let him have it!'

> **Charge** (French): military rank
>
> **Da kann ja jeder kommen!** 'Anybody can try that on!'

**p. 58. Tempelhof:** southern district of Berlin.

**p. 59. Zu Befehl!** mil. term—'Yes, Sir!'

> **wo haben Se gestanden:** 'Where did you serve?'
>
> **gesessen:** coll. for 'imprisoned'.
>
> **Stammrollenauszug:** certificate of military service.

**p. 60. Lange Leitung:** lit. 'long lead'; Berlin sl. for 'slow in the up-take'.

**p. 62. Kornklitsche:** sl. for 'farm', 'estate'.

**p. 63. Berliner Norden:** North Berlin, a rather poor district.

> **Harzer Käse:** a popular, very strong cheese.
>
> **Fettlebe machen:** (from fett leben) 'have a treat'.
>
> **Knie' dir rein:** (sl.) 'dig in!'
>
> **dicht halten:** 'keep mum'.
>
> **Masseltopp:** (from Hebrew – Masseltoff) 'Good luck'.
>
> **Pinkepinke:** sl. for 'money'.

**p. 64. Vau:** the letter 'V'.

> **Plemmplemm:** sl. for 'crazy', 'nuts'.
>
> **ausbaldowert:** (from Hebrew) 'worked out', 'thought out'.
>
> **mach' ick 'rüber:** dial. for 'get across'.

**p. 65. verratzt:** (sl.) 'done for'.

> **die Kiste brenzelt:** 'it's a fishy business'.

**p. 66. Löffel:** 'ears'.

**dein Piepmatz im Kopfe:** (Piepmatz – dicky-bird) dial. for 'crackers', 'nuts'.

**Riesengebirge:** mountain range forming the border between Bohemia and Silesia.

**tippeln:** (sl.) 'tramping'.

**p. 67. Tippelkunden:** (sl.) 'tramps'.

**p. 68. Sie haben's grad nötig:** 'you of all people'.

**Wanderschein:** official document carried by tramps.

**p. 70. Wagges:** nickname for Alsatians or French.

**Wenn's nach mir ginge:** 'If I had a say'.

**p. 71. Unterm Strich:** the inside pages of German newspapers are generally divided by a horizontal line; the space below is reserved for the 'Feuilleton', i.e., non-political matter, theatre reviews, etc.

**Gerhart Hauptmann Première im Deutschen Theater:** at the time of action, the first night of a new play by Gerhart Hauptmann at Reinhardt's *Deutsches Theater* was a theatrical event of prime importance.

**Alfred Kerr:** leading dramatic critic, a staunch supporter of Gerhart Hauptmann.

**doch ein starkes Stück:** 'a bit thick'.

**Rominten:** hunting-lodge of Wilhelm II in East Prussia.

**'nen großen Zug:** 'a touch of greatness'.

**p. 72. Litewka:** (from Polish) 'tunic'.

**Einjährigen:** boys with higher school education were privileged to do only one year of national service, instead of the normal three; the qualifying examination was called 'das Einjährige'.

**Equipierung:** equipment as an officer.

**Übung:** annual military training.

**p. 73. Kommunalbeamter:** civil servant in municipal administration.

**Fortschrittliche Volkspartei:** right-wing party with 'progressive' tendencies.

**Da beißt die Maus kein' Faden ab:** (coll.) meaning roughly, 'that's indisputable'.

**p. 74. Kleider machen Leute:** German proverb – 'clothes make the man'.

**p. 75. Freie Bahn dem Tüchtigen:** popular slogan, attributed to Chancellor Bethmann-Hollweg. 'Free scope for the efficient'.

# SECOND ACT

**p. 77. Sonnenburg:** town in East Germany.

   **Sedan:** Decisive victory over the French in the Franco-Prussian War on 2nd September 1870; was celebrated as a national holiday up to the First World War.

**p. 79. Kassiber:** message smuggled into or out of prison.

**p. 80. seinen Mann stellen:** 'to hold one's own'.

**p. 81. in Deckung gehen:** 'take cover'.

**p. 82. im Ernstfall:** in earnest, i.e., in an emergency.

**p. 83. Rixdorf:** poor suburb in East Berlin.

   **wirft kaum die Kosten ab:** 'hardly pays its way'.

**p. 85. da sieht mehr 'raus bei:** 'it pays better'.

   **Vize:** short for Vize-Feldwebel, 'acting sergeant'.

**p. 87. ich mach' kein' langen Summs:** 'I won't beat about the bush'.

**p. 88. halb so wild:** 'not as bad as all that'.

**p. 89. Schwamm drüber:** 'let's forget it'.

   **Und ob!** (coll.) 'I should say so!'

**p. 90. Wenn's dann mal losgeht:** meaning 'when there's a war'.

**p. 91. Das geht alles seinen Gang:** 'everything takes its course'.

   **Hinten 'rum:** through the backdoor, i.e., illegally.

   **Madonna della Sedia:** painting by Raffael.

**p. 92. Spandau:** small garrison town just outside Berlin.

**p. 95. Steh ich in finstrer Mitternacht . . .:** popular soldier's song.

**p. 96. Die macht auch kein' Belag mehr aufs Butterbrot:** coll. saying, meaning 'that won't be much use'.

**p. 97. 'Vorwärts':** leading socialist newspaper.

   **da kann ich nichts dafür:** I can't help it; it isn't my fault.

   **ich bin dran:** 'it's my turn'.

**p. 99. macht er 'nen Buckel:** 'he stoops'.

   **reißt die Knochen zusammen:** 'stands at attention'.

**p. 100. Sie pfeifen aus dem letzten Loch:** 'it will soon be all up with you'.

   **wie erschlagen:** 'as if thunderstruck'.

**p. 102. stellt sich in Positur:** 'strikes an attitude'.

**p. 103. Kasse:** 'insurance'.

   **Müggelberge:** range of low hills east of Berlin.

   **Werder:** small town near Berlin, famour for its orchards.

**p. 104. 'Puppchen, du bist mein Augenstern':** popular song of the period.

**p. 104. Wo werd' ick denn:** 'why should I?'

**p. 106. wenn's einem an den Kragen geht:** 'when one is at one's last gasp'.

    **zu Jahren kommen:** to grow old.

    **nun ist guter Rat teuer:** 'now I am at a loss'.

    **im Nichteinhaltungsfalle:** 'in case of non-compliance'.

    **Abfuhr per Schub:** compulsory eviction.

    **im Wiederbetretungsfalle:** 'in case of re-entry'.

**p. 109. Etatsverkürzung:** cut in the budget.

    **Dienstantritt:** commencement of military service.

**p. 110. Adlerknöpfe:** uniform buttons bearing the Prussian eagle: a sergeant's insignia.

**p. 111. Das hat sich zerschlagen:** 'that has come to nothing'.

    **alle:** (coll.) 'finished'.

    **Gegen das Letzte ist kein Kraut gewachsen:** 'There is no cure for death'.

**p. 112. Abschlägig beschieden:** 'refused'.

    **Ick werde . . . helle:** (dial.) 'I'm beginning to see daylight', 'I'm coming to my senses'.

    **befördern:** word-play on the two meanings of the verb: promote – dispatch.

**p. 113. So schwer's auch hält:** 'Difficult as it may be'.

**p. 114. in Reih' und Glied:** drawn up in rank and file.

    **Tuchfühlung:** mil. jargon for 'dress close'.

    **die kriegen . . . die Hölle heiß gemacht:** 'they're being given hell'.

**p. 116. kneift . . . zu:** (vulg.) 'dies'.

    **Ick werd' mir . . .' ranhalten:** 'I'll have a go', 'I'll make an effort'.

## THIRD ACT

**p. 118. Grenadierstraße:** street in old part of Berlin.

**p. 119. auf Lager:** 'in stock'.

    **die historische Windmühle:** famous landmark in Park of Sanssouci in Potsdam.

**p. 121. Domino:** black Spanish cloak.

    **Auch e Hauptmann!** (Jewish jargon) 'Some captain!'

**p. 122. Schlesischer Bahnhof:** railway terminus in East Berlin.

**p. 125. Ratskeller:** town-hall restaurant.

    **Rotspohn** (coll.): claret.

**p. 126. Spreewald:** rural district south-east of Berlin, along the river Spree.

**p. 126. Extrawurst** (coll.): 'special treatment'.

**p. 127. Das Ganze-halt!** ... **Bajonett – pflanzt auf!:** 'Detachment halt! Into line! Right dress! Eyes front! Detachment – fix bayonets!'

**p. 128. In Reihen gesetzt** ... **marsch!:** 'Fall in! Right turn! Quick march!'

**p. 129. Neue Wache:** headquarters of imperial guards in Unter den Linden, comparable to Horse Guards in Whitehall.

**p. 133. Kreisstädte:** administrative district centres.

**p. 134. wider den Strich:** 'against the grain'.

**p. 136. westpreußisch:** West Prussia was a province between Pomerania and East Prussia, since 1919 part of Poland.

**p. 140. Bockwurst:** a coarse kind of sausage.

**Aschingers Bierquelle:** large popular Berlin snack-bar.

**Bollefahrer, Bollemädchen:** Bolle was the largest Berlin dairy.

**p. 141. Charité:** Berlin hospital.

**'Glücklich ist** ... **zu versaufen ist':** Deliberate misquotation of drinking song from Johann Strauss' *Die Fledermaus* ('Glücklich ist, wer vergißt, was nicht mehr zu ändern ist').

**p. 142. Blaukreuzler:** a blue cross is the sign of the temperance society.

**Litfaßsäulen:** round pillars at street corners, showing police notices, advertisements, etc., called after their inventor Litfaß.

**p. 143. Haben die 'ne Ahnung:** 'little do they know'.

**p. 145. da kann ich nich mit:** 'I can't agree', 'I don't follow you'.

**Jagow:** Berlin chief of police at that time.

**p. 146. So sehn Sie aus!:** 'That's what *you* think!'

**p. 147. Ihr Lebtag:** 'all your life'.

**p. 148. Kriminal:** police detective.

**'letzten Instanz':** 'last resort'.

**p. 150. auf den nüchternen Magen:** 'on an empty stomach'.

**p. 152. gar nich so uneben:** 'not so bad'.

**p. 153. Lassen Se rühren:** 'Stand easy'.

# Select Vocabulary

------------------------------------------------

## A

*abdichten*, to make tight

der *Abgesandte*, messenger, spokesman

*abhalten*, to give (a lesson)

*abkommandieren*, to order off

der *Ablauf*, course

*ablennen*, to refuse

*abliefern*, to deliver up

*ablöschen*, to blot

*ablösen*, to relieve

*abonnieren*, to subscribe

der *Abort*, lavatory

die *Abrechnung*, account

*absagen*, to cancel

der *Abschied*, discharge (mil.)

*absetzen*, depose

*absondern*, to separate

*abspannen* (sl.), to take away, to make off with

*absprechen*, to agree, to arrange

der *Abstand*, distance, interval

die *Abstimmung*, voting

*abwehren*, to ward off

das *Abzeichen*, badge, insignia

*abziehen*, to move off; to deduct

die *Achsel*, shoulder

die *Achselklappe*, shoulder strap

das *Achselstück*, shoulder strap

*adlig*, aristocratic, of the nobility

der *Adjutant*, aide-de-camp

der *Akt*, file

der *Aktendeckel*, folder

der *Aktenstoß*, pile of files

*allerdings*, of course, it is true, certainly

*allerhand* (coll.), I say!

das *Amtssiegel*, official seal

der *Analphabet*, illiterate

*andeuten*, to indicate, to suggest

*angängig*, permissible

*angehen*, to concern

die *Angelegenheit*, matter, affair

die *Anlage*, disposition

der *Anlaß*, cause, occasion

*anlaufen*, to start up

die *Anmeldung*, police registration

die *Annonce* (Fr.), advertisement

der *Anschlag*, poster, notice

sich *anschließen*, to join, agree

der *Anschluß*, acquaintance, connection

der *Anschnallsporn*, spur (to strap on)

*anschwellen*, to grow louder

die *Ansprache*, address, talk

der *Anstaltsgeistliche*, prison chaplain

der *Anstaltsinsasse*, prison inmate

*anstellen*, to commit (a crime)

die *Anstellung*, job

der *Anstellungsvertrag*, contract of employment

*anstoßen*, to clink (glasses)

*anstreichen*, to mark

*antreten*, to start (work)

der *Antritt*, commencement

*anvertrauen*, to confide

der *Anverwandte*, relative

der *Anwärter*, candidate

*anwenden*, to apply

die *Anweisung*, order, instruction

die *Anzahlung*, first instalment, deposit

die *Anzeige*, declaration, report

der *Appell*, roll-call

die *Arbeitsamkeit*, industry, diligence

der *Arbeitsnachweis*, certificate of employment

*aufbügeln*, to iron, to press

die *Aufenthaltserlaubnis*, residence permit

*auffallen*, to be conspicuous, to strike

*auffassen*, to understand

*aufgeschmissen* (sl.), lost, done for

*aufklappen*, to open (book)

*aufklären*, to clear up

*aufkommen* (*für*), to pay (expenses)

*aufkorken*, to uncork

*aufpflanzen*, to fix (bayonet)

*aufräumen*, to tidy up

sich *aufregen*, to get worked up

*aufrichtig*, sincere, genuine

*aufschlagen*, to open (book)

die *Aufschrift*, inscription, label

das *Aufsehen*, stir, sensation

*aufstecken*, to give up

der *Auftrag*, commission

*auftrennen*, to undo, to unstitch

*auftreten*, to enter (on stage)

die *Aufzählung*, enumeration

*aufzwirbeln*, to twirl (up)

*ausbilden*, to train

die *Ausführung*, execution

*ausgerechnet*, of all things (places, etc.)

*ausgeschlossen*, out of the question

sich *auskennen*, to know one's way about, to be well up in

die *Auskunft*, information

die *Auslage*, shop window

sich *ausmalen*, to picture to oneself

*ausprägen*, to stamp, to impress

*ausrangieren*, to cast out

der *Ausschank*, pub, bar

*ausschimpfen*, to scold

*ausschwärmen*, to fan out (mil.)

*aussichtslos*, hopeless

*ausstechen*, to cut out (a person)

*ausstellen*, to issue (passport); to exhibit

*austreten*, 'to be excused'

der *Ausweis*, (official) papers, certificate

*ausweisen*, to evict, to expel

die *Ausweisung*, eviction

# B

*die Backe,* cheek
*der Backenknochen,* cheekbone
*der Bammel* (dial.), fear, awe
*das Bandelier* (Fr.), shoulder-belt, pouch-belt
*barsch,* rough, brusque
*die Bauchdecke,* abdominal integument, 'belly'
*baumeln,* to dangle, to swing
*beaufsichtigen,* to supervise
*bedenken,* to consider
*beduselt* (sl.), drunk, sozzled
*die Beerdigung,* funeral
*befördern,* to promote
*befürworten,* to support (application)
*die Begebenheit,* event, occurrence
*der Begrüßungsschluck,* drink of welcome
*sich beherrschen,* to control oneself
*die Behörde,* authority (-ies)
*behutsam,* cautious, wary
*beifällig,* approving
*beigeben,* to add
*beitragen,* to contribute
*das Beiwerk,* accessories
*bekömmlich,* digestible, wholesome
*belästigen,* to molest
*benachrichtigen,* to inform
*die Berechnung,* calculation
*das Bergkristall,* rock crystal
*beschaffen* (past p.), constituted
*Bescheid wissen,* to be informed
*bescheiden,* to allot

*beschlagnahmen,* to seize, to requisition
*der Beschluß,* resolution
*die Beschwerde,* complaint, grievance
*sich beschweren,* to lodge a complaint
*sich besinnen,* to remember, to recollect
*besorgen,* to obtain, to get
*die Besserung,* improvement
*die Bestechlichkeit,* corruption
*die Bestellung,* appointment
*die Bestimmung,* regulation
*sich betätigen,* to work
*betäuben,* to numb
*betrauen,* to entrust
*betreffend,* concerning
*betreten,* to enter
*betreten* (adj.), startled, vexed
*der Betrieb,* business, organization
*betrügerisch,* fraudulent
*die Bettstelle,* bunk
*die Bettwäsche,* bed linen
*sich beugen,* to stoop, to bend
*die Beute,* prey
*bevorzugen,* to prefer
*die Bevorzugung,* privilege
*bewilligen,* to grant
*bewirtschaften,* to treat (to)
*die Beziehung,* respect, relation
*der Bezirk,* district
*biedermännisch,* jovial
*binnen,* within
*bis auf,* except for
*blamieren,* to disgrace
*blank,* shiny; bare
*das Blech,* brass
*blechen* (sl.), to pay
*blenden,* to dazzle

die *Blockstelle*, signal-box
der *Blödsinn*, nonsense
*bloß*, bare
die *Bohne*, bean
der *Bohrwurm*, wood-worm
die *Bolle*, bobble
der *Briefumschlag*, envelope
der *Brocken*, clod
der *Bruch*, crack, flaw
die *Brustweite*, chest size
der *Buckel*, hump-back
*bucklig*, hump-backed
der *Budiker* (dial.), publican
der *Bügel*, clothes hanger
die *Bürgerschaft*, citizens, community
*büßen*, to atone, to pay for
die *Buxen* (sl.), trousers

# D

die *Dachpappe*, tar board
der *Dachs*, badger; (coll.) greenhorn
*dämlich* (dial.), stupid
*dämpfen*, to muffle, to subdue
die *Dampfwäscherei*, steam laundry
der *Deez* (dial.), head
*degoutieren* (Fr.), to disgust, to repel
das *Delikt*, offence
*depeschieren*, to wire
*dergleichen*, the like
*dicht halten*, to keep mum
*dienstbeflissen*, officious, eager
der *Dienstmann*, porter
*diensttuend*, on duty
*dirigieren*, to conduct
der *Doofkopp* (dial.), fathead

*dösen*, to doze
sich *drängen*, to intrude
der *Dreck*, dirt, rubbish
die *Drehtür*, revolving door
*dreschen*, to thrash
der *Drilch*, drill (coarse linen)
die *Drogerie*, chemist's shop
*dumpf*, dull, gloomy
der *Dunst*, haze, vapour
die *Durchbrechung*, breach
*durchdringen*, to prevail
der *Durchlaß*, passage
*dürftig*, scanty
der *Dusel* (dial.), (good) luck
*duster* (dial.), gloomy, dark

# E

das *Edelholz*, fine wood
*ehelich*, matrimonial
*eifrig*, keen
der *Einfall*, idea, notion
*einfallen*, to join in (singing)
*einfordern*, to call in
die *Eingabe*, application
*eingeben*, to apply
*eingefallen*, sunken
*eingehen*, to shrink
sich *einigen*, to come to an agreement
*einkommen*, to apply
*einpacken*, to pack up
die *Einquartierung*, quartering, soldiers billeted
*einreichen*, to apply
der *Einsatz* (mil.), putting into action, deployment
*einseifen*, to soap, to lather
*einstecken*, to pocket
das *Einverständnis*, consent
*eklig*, disgusting
*elsässisch*, Alsatian

*das Ende* (dial.), distance
*endgültig*, final, definite
*engros* (Fr.), wholesale
*entgegenkommen*, to meet
*die Entlassung*, discharge, dismissal
*entnehmen*, to take away, off
*entsprechen*, to correspond
*entstellen*, to distort
*entwicklungsfähig*, capable of development
*entzünden*, to inflame
*erben*, to inherit
*die Erdkugel*, globe
*erfassen*, to grasp
*erfolgen*, to occur, to ensue
*erheben*, to collect
*erhenkt*, hanged
*erhöhen*, to raise
*sich erkundigen*, to enquire
*die Erlaubnis*, permit, permission
*die Erleichterung*, mitigation, alleviation
*die Ernennung*, appointment
*erledigen*, to settle
*erringen*, to obtain, to achieve
*ersäufen*, to drown
*erschallen*, to sound
*ersetzen*, to replace
*die Erstürmung*, conquest (by assault)
*ertönen*, to sound
*die Etappe* (Fr.), (mil.) base, reserve
*die Etatsverkürzung*, budget cut
*der Exerzierplatz*, parade ground
*das Exerzierreglement*, drill regulations, arms manual
*das Extrablatt*, special edition

*die Extravergünstigung*, special favour

# F

*fabelhaft*, marvellous
*der Fabrikant*, manufacturer
*fahl*, pale, pallid
*die Falle*, trap
*fälschen*, to forge
*famos*, splendid
*der Farbdruck*, colour print
*die Feldbinde*, sash
*die Felddienstordnung*, field service regulations
*der Feldherr*, general, commander
*der Feldwebel*, sergeant-major
*die Festung*, fortress
*der Fetzen*, rag, shred
*der Fingerknöchel*, knuckle
*das Firmenschild*, name-plate (of firm)
*flackrig*, flickering, unsteady
*flau*, slack, weak
*flechten*, to plait, to braid
*der Fleck*, spot, stain
*die Fleckkugel*, stain remover (made up of pellets)
*der Flohstich*, flea-bite
*flott*, smart
*flüchtig*, casual, superficial
*das Flügeltor*, folding door
*der Flur*, landing, hall
*flüssig*, ready (money)
*die Fordernis*, requirement
*sich fortmachen* (sl.), to get away
*fortschrittlich*, progressive
*fraglich*, in question
*fragwürdig*, questionable, doubtful

die *Frechheit*, cheek, insolence
die *Freiheitsstrafe*, imprisonment
    *freisinnig*, liberal
die *Fresse* (sl.), mouth
die *Frisur*, head-dress
sich *fügen*, to adapt oneself, to submit
die *Führung*, conduct
    *funkelnagelneu*, brand-new
die *Fürstlichkeit*, royalty
die *Fußmatte*, door-mat
    *futsch* (sl.), finished, gone
die *Fütterung*, lining

# G

die *Gabe*, gift, talent
die *Gangart*, gait, step
der *Gashahn*, gas tap
der *Gaul*, horse, nag
das *Gebäck*, bread and rolls
das *Gebälk*, beams, timber-work
das *Gebumms* (sl.), noise, din
der *Gefallen*, favour
    *gefällig*, obliging
    *gefälligst*, if you please
der *Gefreite*, lance corporal
das *Gehalt*, salary
    *gehaut*, cunning, crafty
    *geisteskrank*, insane, mentally unbalanced
    *gelernt*, skilled, trained
    *gelten*, to be valid
    *gemacht* (sl.), agreed, O.K.
die *Gemeinde*, community
die *Gemeinheit*, impudence, insolence
das *Genick*, back of neck
die *Genietruppe*, engineer corps
    *geraten*, to get to, to come to

der *Gesamtbauetat*, total building budget
das *Gesamtwohl*, common good
das *Gesäß*, seat (of trousers)
das *Geschehnis*, happening, occurrence
das *Geschwätz*, gossip, chatter
das *Gesuch*, application
    *getrost*, confidently
    *gewährleisten*, to guarantee
der *Gewerbeschein*, trade licence
    *gewissermaßen*, as it were
    *gewohnheitsmäßig*, habitual
    *glätten*, to smooth
die *Gleichgültigkeit*, indifference
das *Gleichnis*, simile, parable
das *Gleis*, track, rail
die *Gleisstellung*, points (railway)
die *Gliederung*, formation, structure
    *gnädig*, gracious
    *goldrichtig*, just right
    *gottvoll* (sl.), divine, heavenly
der *Goy* (Hebr.), gentile
    *grell*, garish
das *Grenzvisum*, visa (for crossing frontier)
    *grob*, coarse
    *grölen*, to bawl
    *großstädtisch*, metropolitan
    *großzügig*, generous, on a large scale
die *Grundlage*, foundation
der *Grundsatz*, principle
    *gucken* (sl.), to peep
der *Gummischuh*, rubber shoe, galosh
das *Gutachten*, testimonial

# H

*haargenau*, very precise, dead accurate
der *Hacken*, heel
die *Haft*, arrest
*halber*, because of
*haltbar*, durable
die *Haltung*, attitude, posture
der *Hammel*, wether; blockhead
die *Handelsnachrichten*, trade news
es *handelt sich um*, it is a question of
die *Handgepäckaufbewahrung*, left luggage office
die *Handschelle*, hand-cuff
*hantieren*, manipulate
der *Happen* (dial.), bite
*hauen*, to hit
die *Hauerei*, fight, brawl
der *Heeresetat*, defence budget
das *Heeresgut*, army property
das *Heidekraut*, heather
der *Heimatschein*, certificate attesting birth-place or permanent residence
*hell* (sl.), smart, bright
der *Henker*, hangman
*herbeiführen*, to bring about
*hereinbrausen*, to rush in
*herstellen*, to produce, to restore
*hinlänglich*, sufficient
der *Hintergrund*, background
*hinterher*, afterwards
der *Hochstapler*, trickster, swindler
*hocken*, to squat
der *Hocker* (sl.), sitter

der *Hoflieferant*, court supplier
*hohl*, hollow
der *Hörer*, receiver (telephone)
der *Hosenknipser* (sl.), revolver
die *Hüfte*, hip
*hüpfen*, to hop
*husten*, to cough

# I

*immerhin*, at any rate
*imponieren*, to impress
*irdisch*, earthly

# J

der *Jahrestag*, anniversary
die *Jahrhundertwende*, turn of the century
der *Jammer*, wailing, misery
*johlen*, to shout, to hoot
der *Jude*, Jew

# K

der *Kaffeesatz*, coffee grounds
der *Kämmerer*, treasurer
das *Kanapee*, couch
die *Kanne*, jug
*kapieren* (sl.), to understand, to grasp
die *Kapitalsanlage*, capital investment
das *Karussel*, merry-go-round
die *Kaserne*, barracks
der *Kassenabschluß*, balance
der *Kasten* (sl.), military prison
*kauen*, to chew
die *Kegel* (pl.), skittle, nine-pin
*kehren*, to sweep
*kehrt machen*, to turn round
*keß* (sl.), cheeky, smart

der *Kiefer,* jaw
die *Kiefer,* fir tree
   *kieken* (dial.), to look, to peep
der *Kies* (sl.), money
   *kippen,* to tilt
der *Kittel,* smock, blouse
   *kitzeln,* to tickle
   *klammern,* to cling
   *klappen,* to click, to work out well
der *Klatsch,* gossip
   *klatschen,* to clap
   *klauen* (dial.), to steal, to pinch
der *Kleiderhaken,* clothes peg
   *kleidsam,* fitting, becoming
die *Kleinigkeit,* trifle, detail
   *klickern,* to clack
   *klönen* (sl.), to speechify, to hold forth
   *klopfen,* to knock, to beat
   *klotzig* (sl.), mighty, masses of
   *knacken,* to crack, to force
das *Knallauge* (sl.), glaring eye
   *knapp,* scarce, concise
   *knickerisch,* miserly
   *knistern,* to crackle
das *Knöchelchen,* ossicle, small bone
   *knollig,* bulbous, knobbly
   *knusprig,* crisp
das *Kommiß* (sl.), army
es *kommt darauf an,* it depends, it is the point
die *Konfektion,* ready-made clothes
die *Konkurrenz,* competition, rival
die *Konzession,* licence

das *Kopfnetz,* terminal network (of tracks)
die *Koppel,* sword-strap
die *Kost,* food, fare
   *krabbeln,* to crawl
   *kramen,* to rummage
   *krankhaft,* sickly
   *kratzen,* to scratch
das *Kreisamt,* district office
   *kreischen,* to shriek
der *Kriegsschauplatz,* theatre of war
der *Kriminal,* police, detective
der *Kritzer* (sl.), nail-mark, scratch
die *Krotte* (sl. for *Kröte*), toad; child, brat
   *krüppelig,* crippled
die *Kuhweide,* cow pasture
   *kullern* (dial.), to roll
der *Kurszettel,* stock-exchange list
   *kürzen,* to cut
der *Kurzschluß,* short circuit
die *Kurzsichtigkeit,* short-sightedness
das *Kuvert* (Fr.), envelope

# L

   *labbern* (sl.), to lap (up)
   *lackeln* (sl.), to lounge
der *Lackreitstiefel,* patent leather riding-boot
der *Ladentisch,* counter
die *Ladung,* load
der *Landrat,* county-council
die *Landwehr,* militia, home-guard
   *langen* (coll.), to suffice, to be enough
der *Lappen,* rag

*larmoyant* (Fr.), plaintive, tearful

*die Larve,* mask

*zur Last fallen,* to be a burden

*das Laster,* vice

*die Lasterhaftigkeit,* immorality, depravity

*der Laubfrosch,* tree frog

*die Laufbahn,* career

*die Laus,* louse

*die Lausebande* (sl.), gang, bad lot

*lauter,* nothing but

*das Lazarett,* hospital

*der Lehm,* clay

*der Lehrling,* apprentice

*der Leibesumfang,* circumference of body, bulk

*die Leiche,* corpse

*leichtlebig,* easy-going

*leiern* (*herunter*), to reel off

*leisten,* to manage

*sich leisten,* to afford

*leugnen,* to deny

*leutselig,* jovial

*es liegt mir,* it suits me

*die Litze,* piping

*der Lohgerber,* tanner

*die Lohnliste,* wage list

*die Löhnung,* pay

*das Lokal,* restaurant, café

*löschen,* to blot

*losziehen,* to set off

# M

*mahnen,* to admonish, to remind

*mängeln,* to grumble, to criticize

*die Mappe,* folder

*markieren,* to mark, to indicate

*der Maschendraht,* wire netting

*das Maßbuch,* book of measurements

*das Maul,* mouth

*der Maulwurfshaufen,* mole-hill

*mehlig,* mealy

*sich melden,* to report, to register

*das Messing,* brass

*das Mieder,* bodice

*militärwidrig,* unmilitary, unsoldierly

*mißtrauisch,* distrustful, suspicious

*mitmachen,* to join in

*der Mitschuldige,* accomplice

*mitstenographieren,* to take down in shorthand

*das Mittel,* means

*mittenmang* (dial.), slap in the middle

*die Montur,* uniform

*der Mostrich,* mustard

*die Motte,* moth

*muffig,* stuffy

*der Mülleimer,* rubbish bin

*die Mundart,* dialect

*die Muschel,* sea shell

*der Müßiggang,* idleness, sloth

*mustern,* to examine, scrutinize

*der Mützenschirm,* peak of cap

# N

*nachforschen,* to search

*nachkommen,* to follow

*nachmachen,* to copy, to imitate

*nachmessen,* to check

*nachsuchen,* to apply

*die* **Naht**, seam
**nanu** (sl.), I say!
*die* **Nebenrichtung**, branch line
*die* **Neustraßenbenennungsvorlage**, bill for naming of
new streets
**niesen**, to sneeze
*die* **Nippes** (pl.), nick-nacks,
bric-a-brac
*die* **Notiz**, note
**nüchtern**, sober
*die* **Null**, naught, zero
**nütze**, useful, good for

# O

*die* **O-Beine**, bandy legs
*der* **Oberleutnant**, first lieutenant
*der* **Ohrenschmalz**, ear-wax
*die* **Ohrfeige**, box on the ear
*der* **Öldruck**, (cheap) print
**ordentlich**, decent, respect-
able
*die* **Ortschaft**, village, place

# P

*der* **Packen**, load
**paffen** (coll.), to smoke, to
puff
*die* **Pappschachtel**, cardboard
box
**passen** (*auf*), look after
*die* **Passiererlaubnis**, permit to
pass
**peinlich**, embarrassing
*der* **Pennbruder**, tramp, inmate
of doss-house
*die* **Penne** (sl.), doss-house
**pennen** (sl.), to sleep
*die* **Pferdezucht**, horse breeding

*das* **Pflaster**, pavement
*die* **Pfote**, paw
**phantasieren**, to be delirious
*die* **Pickelhaube**, spiked helmet
**piekfein** (sl.), smart, posh
*der* **Pikkolo** (Ital.), young assist-
ant waiter
**plantschen**, to splash
**plappern**, to chatter
*die* **Platte**, dish
**platzen**, to burst
**plaudern**, to chat
*das* **Plüschauge**, lit. plush eye,
'soppy eye'
**pochen**, to knock
*der* **Pojazz** (Yiddish), clown
**polizeibeaufsichtigt**, under
police supervision
*der* **Popo** (coll.), bottom, but-
tocks
*das* **Portal**, porch
*das* **Portepee** (Fr.), sword-knot
*die* **Posse**, farce, (pl.) antics
*die* **Postanweisung**, postal order
*die* **Postkutsche**, mail-coach
**prachtvoll**, splendid, mag-
nificent
**predigen**, to preach
*die* **Predigt**, sermon
**preschen**, to galop
*das* **Privatkontor**, private office
*die* **Probe**, test, rehearsal, fitting
**probieren**, to try
*der* **Prokurist**, head clerk, per-
sonnel manager
*das* **Protokoll**, minutes
*der* **Prozeß**, lawsuit
**puffen** (coll.), to push
**pumpen** (coll.), to lend, to
borrow
*die* **Puste** (dial.), breath

*das Putzmittel,* polish

*das Putzzeug,* cleaning utensils

## Q

*das Quartier,* living quarters, billets

*quasseln* (sl.), to talk nonsense

*die Quersumme,* sum total

*quietschen,* to squeak

## R

*der Rabe,* raven

*der Radau* (sl.), noise, din

*rahmen,* to frame

*der Rand* (sl.), mouth

*die Rangordnung,* order of precedence, regulations regarding rank

'*rankommen* (= *drankommen*), to be one's turn

*der Rappe,* black horse

*das Rassenmerkmal,* racial characteristic

*ratlos,* perplexed

*die Räuberhöhle,* den of robbers

*der Raubzug,* robbery

*der Rausch,* intoxication; *einen Rausch haben,* to be tight

'*rausschmeißen* (coll.), to chuck out

*rechten,* to plead, to remonstrate

*rechtmäßig,* rightful

*von Rechts wegen,* by rights

*die Redensart,* empty phrase

*reichen,* to be sufficient

*reihenweise,* in rows

'*reinkieken* (dial.), to peep in

'*reinpassen* (dial.), to fit in

'*reinwickeln* (dial.), to wrap up

*der Reißnagel,* drawing pin

*die Reklame,* advertisement

*die Rendantur,* treasury

*die Renommiersucht,* desire to brag

*requirieren,* to requisition

*das Ressort* (Fr.), department

*die Reue,* remorse

*das Revier,* district; police station

*sich richten* (*nach*), to conform to

*rieseln,* to trickle

*röcheln,* to breathe heavily

*Roches* (Hebrew), anger, resentment

*der Rockschoß,* coat-tail

*die Rotzgöhre* (sl.), brat (girl)

*die Rückenlehne,* back of chair

*die Rücksicht,* consideration, regard

*das Rühr-Ei,* scrambled egg

*rühren,* to stir, (mil.) to stand easy

*sich* '*rumtreiben* (coll.), to hang around

*rutschen,* to slip

## S

*der Säbelgriff,* sword hilt

*sachverständig,* expertly

*das Sacktuch,* pocket handkerchief

*säen,* to sow

*sagenhaft,* legendary, mythical

*das Salzfaß,* salt cellar

*die Sanität,* ambulance corps

*satt haben,* to be fed up

das *Säuferheim,* home for alcoholics

*säumen,* to hem

*sausen,* to rush

*schäbig,* shabby

der *Schädel,* skull

*schädigen,* to damage, to impair

*schaffen,* to manage

der *Schaft,* leg of boot

*schälen,* to peel

*schallen,* to resound

der *Schampus* (sl.), spirits

*scharf,* keen

die *Schärpe,* sash

*schassen* (sl., from Fr. 'chasser'), to discharge, to dismiss, to sack

die *Schätzung,* respect

das *Schaufenster,* shop window

*schaukeln,* to swing, to rock

der *Schein,* ticket

*scheißen* (sl.), to shit

*schellen,* to ring

der *Schemel,* stool

*scheppern* (dial.), to chuckle, to giggle

sich *scheren* (coll.), to get out

die *Scheuerfrau,* charwoman

die *Schicht,* shift

*schick,* smart

der *Schicksalsschlag,* stroke of fate

*schief,* crooked

*schiefgehen,* to go wrong, to fail

die *Schikane,* chicanery, nuisance

die *Schinderei,* drudgery

die *Schinkenstulle* (dial.), ham sandwich

die *Schlacht,* battle

die *Schlafstatt,* sleeping-place

der *Schlager,* hit song

*schlapp machen* (dial.), to go limp, to give up

der *Schlapphut,* slouch hat

*schleifen,* to grind, to sharpen

*schlendern,* to saunter

*schlenkern,* to dangle

*schleunig,* quick, hasty

*schleppen,* to drag

die *Schließvorrichtung,* lock mechanism

*schlottern,* to shake, to hang loose

der *Schluck,* gulp

*schlupfen,* to slip

*schlürfen,* to sip

*schmächtig,* slender, slightly built

*schmeicheln,* to flatter

die *Schmeißfliege,* blue-bottle

die *Schmiere* (coll.), look-out

*schmierig,* dirty, greasy

*schmuggeln,* to smuggle

*schmunzeln,* to smirk

der *Schnabel,* beak, (sl.) mouth

*schnappen,* to catch

der *Schnaps,* brandy, spirits

*schnarchen,* to snore

die *Schnecke,* snail

*schnieke* (dial.), smart

die *Schnoddrigkeit,* insolence, sauciness

der *Schnösel* (dial.), stuck-up prig

*schonen,* to spare

die *Schranke,* barrier

die *Schreiberei,* scribble

*schriftstellerisch,* literary

die *Schrippe* (dial.), roll

*schüttern,* to shake

*die* Schützenschnur, rifleman's cord, braid

*der* Schwager, brother-in-law

schwappen (coll.), to spill

schwitzen, to sweat

*der* Schwung, sweep, verve

segensreich, beneficial

seiden (adj.), silk

*das* Seidenpapier, tissue paper

*das* Seitengewehr, bayonet

selbstständig, independent

*die* Selbststellung, self-surrender

selig, late (dead)

seßhaft, sedatory, resident

*die* Setzkartoffel, seed-potato

sichtlich, visibly, evidently

sittlich, moral

sitzen, to fit

*die* Sitzung, session, meeting

*der* Sockenhalter, suspender

solid, steady, sober

sowieso, anyway

*die* Spange, clip, clasp

*der* Spaßvogel, wag, joker

spendieren, to spend lavishly, to treat to

*der* Spielverderber, spoilsport

*das* Spind, wardrobe, cupboard

*das* Spinnweb, cobweb

springen, to crack (glass)

*der* Spruch, saying, motto

sprudeln, to bubble, to sputter

*die* Spucke (sl.), spittle

spülen, to rinse

städtisch, municipal

*die* Stahlbrille, steel-rimmed glasses

*der* Standpunkt, point of view

*die* Stange, pole, peg

*die* Stärkung, reinforcement, refreshment

*die* Stätte, place

sich stauen, to crowd

*der* Stechschritt, goose-step

*der* Steckbrief, warrant (for arrest)

*das* Steckenpferd, hobby

*die* Stecknadel, pin

stellungslos, without a job, unemployed

*der* Stellvertreter, deputy, substitute

*der* Stempel, rubber stamp

*die* Stempelmarke, duty-stamp

*die* Steuer, tax

*im* Stich lassen, to leave in the lurch, to let down

*die* Stichprobe, random sample

sticken, to embroider

*das* Stiefkind, stepchild

stimmen, to be alright, to be correct

*der* Stoff, material, subject-matter

stocken, to check oneself

*der* Stoffballen, bale of cloth

*die* Stoppel, stubble

stracks, straight, directly

*die* Strafanstalt, prison

*der* Sträfling, convict

*der* Strafvollzug, execution of sentence

stramm, stiff, rigid, tight

stramm stehen, to stand at attention

*der* Straßenstand, street stall

streichen, to strike out, off; to paint

*der* Strichregen, shower

striegeln, to groom (horse)

*die* Strophe, verse, stanza

*strotzen*, to thrive, to abound

die *Stuhllehne*, back of chair

*stülpen*, to put on, to cover

*stumpf*, blunt

*stur*, dazed, bored

der *Sumpf*, bog

## T

*tadellos*, faultless, perfect

die *Taille* (Fr.), waist

*taktmäßig*, rhythmical

der *Taktschritt*, marching step

der *Tappen* (sl.), foot print

*tasten*, to grope

*tatsächlich*, actual, factual

*tauglich*, fit, serviceable

der *Tauschhandel*, barter

der *Tonfall*, intonation, cadence

der *Trab*, trot

*trabtrab* (coll.), quick march

der *Train* (Fr.), supply train, baggage

*tranig* (sl.), drowsy, lethargic

sich *trauen*, to dare, to venture

*traulich*, cosy

die *Tresse*, (mil.) lace

*Treu und Glauben*, good faith

*trippeln* (sl.), to drip, to drizzle

der *Trödler*, dealer in old clothes

sich *trollen*, to make off

der *Trottel*, fool, dunce

die *Truppengattung*, arm or branch of service

der *Truppenverband*, troop formation

*tüchtig*, proper, considerable

der *Türgriff*, door handle

## U

die *Übermacht*, superior power or numbers

*überrumpeln*, to take by surprise, to trap

*überwacht*, overtired, short of sleep

*überzählig*, supernumerary, redundant

*umbetten*, to change the bed-clothes

*umdrängen*, to crowd around

*umschnallen*, to strap on

*umständlich*, ceremonious, fussy

*umzingeln*, to encircle

*unbeachtet*, unnoticed

*unbedingt*, absolutely

*unbefugt*, unauthorised

*unbeteiligt*, unconcerned

*unerhört*, shocking, disgraceful

*unförmlich*, shapeless, bulky

der *Unfug*, nonsense, rubbish

*ungebührlich*, undue, improper

*ungelenk*, clumsy

*ungerade*, uneven (numbers)

*ungültig*, not valid

die *Unkosten* (pl.), expenses

die *Unregelmäßigkeit*, irregularity

*unsereins*, the likes of us

*untadelig*, irreproachable

*unterfassen*, to support

*die* Untermiete, subtenancy, (coll.) lodger
*der* Unteroffizier, non-commissioned officer
*sich* unterordnen, to submit
unterschnallen, to strap under
unterstellen, to subordinate
untersuchen, to examine, to investigate
*der* Untersuchungsgefangene, prisoner on trial
unumschränkt, unlimited, absolute
unvermeidlich, inevitable
unverständlich, unintelligible
unwillkürlich, instinctive, automatic
*der* Urenkel, great-grandchild
*die* Urkunde, document

# V

vaterländisch, patriotic
verbeißen, to repress, to suppress
*die* Verbindung, connection
verbüßen, to atone for, to serve sentence
*das* Verdienst, merit
*die* Vereinigung, association
verfaulen, to rot
*die* Verfehlung, failing, offence
verfressen, to eat up
verfügen, to decree, to decide
*die* Verfügung, decree
*das* Vergehen, offence
vergittern, to bar (window)
vergönnen, to grant
*das* Verhalten, conduct

*das* Verhältnis, circumstance, condition
verharren, to remain, to wait
*das* Verhör, interrogation
verkehren, to have intercourse, to communicate
verkehrt, upside down
verkniffen, sly, cunning
*sich* verkühlen, to catch cold
verkümmern, to pine away
verlängern, to extend
*der* Verleih, lending
*die* Verleumdung, slander
vermählen, to marry
vermerken, to take note, to put down
*die* Vernehmung, interrogation
*die* Verordnung, decree, regulation
verpennen (sl.), to sleep through
*die* Verpflichtung, obligation
verpickelt, pimply
verrecken, to perish, to die in misery
versagen, to deny; to fail
*das* Versagen, failure
versaufen (sl.), to drink up
verschärfen, to aggravate
*sich* verschlucken, to swallow the wrong way
verschmelzen, to merge
verschnipseln (sl.), to spoil (in cutting), to chop up
verschnüren, to tie up
verschwiemelt (sl.), seedy
versehentlich, by mistake
versetzen, to move, to alter
*die* Verstärkung, reinforcement

das *Versteckspielen*, hide-and-seek

*verstört*, confused, disconcerted

*verstummen*, to fall silent

die *Versündigung*, sin, blasphemy

*vertragen*, to stand, to bear

*vertraulich*, familiar, intimate

*vertreten*, to block; to represent

der *Vertreter*, substitute, deputy

*vertrödeln*, to waste (time)

die *Verwahrung*, safe custody

die *Verwaltung*, administration

*verwandeln*, to transform

*verzehren*, to consume

*verzieren*, to decorate, to adorn

sich *verzinsen*, to yield interest

die *Volksgemeinschaft*, national community

die *Vollmacht*, authorization

*vollstopfen*, to cram

*vollzählig*, complete

*vorbestraft*, previously convicted

der *Vordergrund*, foreground

der *Vorfall*, occurrence, incident

*vorgehen*, to happen

das *Vorgehen*, proceeding

der *Vorgesetzte*, superior, boss

*vorläufig*, for the time being

das *Vorleben*, past life, record

*vorliebnehmen*, to make do, to be content with

*vormachen*, to deceive, to take in

der *Vormarsch*, advance

sich *vornehmen*, to plan

der *Vorplatz*, landing, hall

*vorquellen*, to bulge

*vorrätig*, in stock

die *Vorschrift*, prescription, regulation

*vorschriftsmäßig*, according to regulations

*vorsehen*, to provide

*vorstehen*, to protrude

der *Vorsteher*, superintendent, inspector

die *Vorstellung*, idea, notion, conception

die *Vorstrafe*, previous conviction

*vortragen*, to recite

der *Vortragssaal*, lecture hall

*vorweisen*, to show, to produce

*vorwurfsvoll*, reproachful

# W

die *Wache*, guard, police station

der *Wacholder*, juniper

der *Wachtmeister*, police sergeant

der *Wahlspruch*, motto

*wahren*, to keep, to preserve

der (die) *Waise*, orphan

das *Waisenhaus*, orphanage

die *Walstatt*, battlefield

*wanken*, to sway

die *Wanze*, bed-bug

der *Wechsel*, bill of exchange, cheque

die *Wegweisung*, direction

die *Wehrpflicht*, national service

der *Wehrverband*, army

die *Wehrvorlage*, defence bill

der *Weichensteller*, pointsman

*weinerlich*, plaintive, tearful

*weisen (von der Hand)*, to reject, to ignore

*weißen*, to whitewash

die *Weißzeugnäherei*, shop for sewing linen

der *Weltteil*, continent

das *Wesen*, being; nature, essence

*wichsen*, to polish, to groom

*wickeln*, to wrap

die *Widerrede*, contradiction, objection

*widersprechen*, to contradict

*wiegen*, to rock, to sway

*wiehern*, to neigh, to roar with laughter

*wimmern*, to whimper

die *Wirksamkeit*, activity

die *Wirtschaft*, household

*wohlfundiert*, well founded

der *Wuchs*, growth

*wühlen*, to burrow, to agitate

*würgen*, to choke

# Z

der *Zähler*, meter

das *Zahnpulver*, tooth powder

der *Zapfenstreich*, tattoo

*zappeln*, to writhe

der *Zauber*, magic, spell

die *Zehe*, toe

die *Zehenspitze*, tiptoe

der *Zeitgenosse*, contemporary

*zerknüllen*, to crumple up

*zerrädern*, to crush

*zerren*, to pull, to drag

der *Ziehhund*, dog used for dog-cart, cur

die *Ziffer*, figure, number

der *Zigarrenstummel*, butt of cigar

der *Zipfel*, lappet

der *Zollstock*, foot-rule, ruler

*züchten*, to grow, to breed

das *Zuchthaus*, prison (for hard labour)

der *Zuchthäusler*, convict

*zucken*, to shrug (shoulders)

die *Zuflucht*, refuge

der *Zugstiefel*, jackboot

*zukrachen*, to slam

*zulassen*, to admit

*zupacken*, to add (packing)

sich *zurechtfinden*, to find one's way

*zusagen*, to agree with

*zusammenfahren*, to start (with shock)

*zusammenfassen*, to sum up

*zusammensetzen*, to compose

*zuschneiden*, to cut out

der *Zuschneider*, cutter-out

*zuständig*, competent

*zustehen*, to be due to, to have a right to

die *Zustellung*, postal delivery

*zweckdienlich*, useful, to the purpose

der *Zwicker*, pince-nez

*zwinkern*, to wink

der *Zwischenraum*, interval, gap